CO
WALL
& DEVON
INSIDERTIP
Direct op het doel af!
Reizen met MARCO POLO insidertips

MARCO POLO TOP-HIGHLIGHTS

EDEN PROJECT ★1
Onder reusachtige plastic overkappingen zijn in dit park de klimaatzones van de aarde nagebootst.
📷 *Tip: De koepels kun je het best van bovenaf en in de zon fotograferen, anders zien ze er wat troosteloos uit.*

➤ blz. 42, West-Cornwall

ST MICHAEL'S MOUNT ★2
Het lijkt hier wel Normandië: de kloosterberg voor de kust van Cornwall is het kleine broertje van de grote Mont-Saint-Michel.
📷 *Tip: 's Ochtends vroeg of bij zonsondergang in magisch licht, fantastisch met een boot op de voorgrond.*

➤ blz. 51, West-Cornwall

ISLES OF SCILLY ★3
Caribische sfeer in Engeland: deze afgelegen eilandengroep is een waar vakantieparadijs.

➤ blz. 53, West-Cornwall

TATE ST IVES ★4
Het filiaal van de beroemde Tate Gallery in Londen toont prachtige kunst op een strandlocatie.
📷 *Tip: Richt je camera vanaf het caféterras noordoostwaarts op het strand en zet er ook een paar daken op.*

➤ blz. 55, West-Cornwall

STRANDEN VAN NEWQUAY ★5
De stranden langs de kust van Newquay (foto) strekken zich uit over bijna 10 km – perfect voor surfers.

➤ blz. 58, West-Cornwall

TINTAGEL CASTLE ★6
De kasteelruïne aan de kust is een belevenis – of je nu wel of niet in de Arthurlegende gelooft …

➤ blz. 74, Oost-Cornwall

DARTMOUTH STEAM RAILWAY 7

Reizen als Miss Marple: de stoomtreinen rijden door een prachtig gebied van Paignton naar Kingswear.

Tip: In de bochten kun je vanuit het raam prachtige foto's van het landschap en de trein maken. Kijk uit voor takken!

➤ blz. 89, Zuid-Devon

GREENWAY 8

Romantisch met een boothuis en uitzicht op het water: het zomerhuis van de beroemde misdaadschrijfster Agatha Christie wordt omgeven door een schitterende tuin.

Tip: Vanaf de achterkant van de rondweg krijg je de rivier de Dart perfect in beeld, met een paar boomtakken als omlijsting.

➤ blz. 89, Zuid-Devon

BARBICAN 9

Hier verwacht je elk moment een piraat te zien – de oude haven van Plymouth voert je terug naar vervlogen tijden.

➤ blz. 91, Zuid-Devon

DARTMOOR 10

Dit mystieke heidelandschap is een van de mooiste nationale parken van Engeland.

Tip: Ga op de stenen van Hound Tor zitten en laat je van een afstand fotograferen, liefst met wolken aan de hemel.

➤ blz. 95, Zuid-Devon

INHOUD

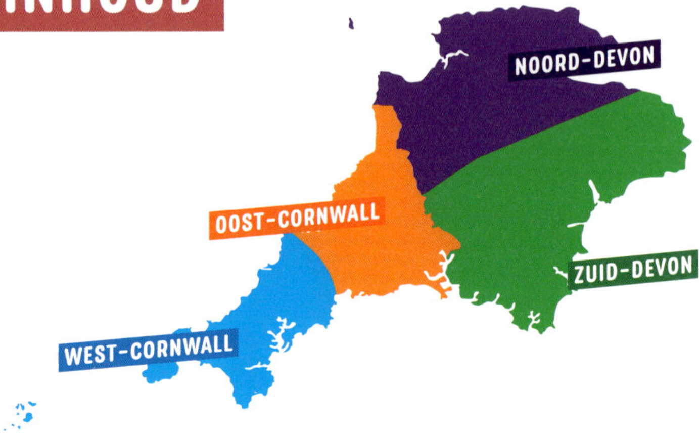

36 DE REGIO'S IN HET KORT

38 WEST-CORNWALL
42 St Austell
42 Omgeving St Austell
43 Truro 45 Omgeving Truro
45 Falmouth
46 Omgeving Falmouth
47 Lizard 49 Omgeving Lizard
50 Penzance
51 Omgeving Penzance
53 Isles of Scilly
55 St Ives
57 Newquay
58 Omgeving Newquay

60 OOST-CORNWALL
64 Launceston
65 Omgeving Launceston
65 Liskeard
67 Omgeving Liskeard
67 Bodmin
69 Omgeving Bodmin
69 Fowey 70 Omgeving Fowey
71 Padstow 72 Omgeving Padstow
73 Tintagel 75 Omgeving Tintagel

76 ZUID-DEVON
80 Exeter 82 Omgeving Exeter
82 Exmouth 84 Omgeving Exmouth
85 Torquay 87 Omgeving Torquay
88 Dartmouth
89 Omgeving Dartmouth
91 Plymouth
94 Omgeving Plymouth
95 Dartmoor
97 Omgeving Dartmoor

98 NOORD-DEVON
102 Exmoor
104 Omgeving Exmoor
104 Ilfracombe
106 Omgeving Ilfracombe
107 Barnstaple
108 Omgeving Barnstaple
109 Great Torrington
110 Omgeving Great Torrington

MARCO POLO TOP-HIGHLIGHTS

2 De 10 onbetwiste highlights

SPECIALE TIPS

8 ... bij regen
9 ... low-budget
10 ... kinderpret
11 ... typisch Cornwall & Devon

ZICHT OP DE STREEK

14 Ontdek Cornwall & Devon
17 Een paar cijfers
18 Cornwall & Devon begrijpen
21 Sta hier even bij stil

ETEN, SHOPPEN, SPORT

26 Eten & drinken
30 Kijken & kopen
32 Sport

DE MARCO POLO REGIO'S

36 ... in het kort

ROUTES & TOCHTEN

112 In het spoor van Agatha Christie
115 Wandeling op het South West Coast Path
117 Kastelen & tuinen

WIST JE DIT AL?

120 **DE BASICS VOOR JE VAKANTIE**
Aankomst, ... en dan verder, Kalender, Ins & outs, Noodgeval, Het weer

128 **SPIEKBRIEFJE ENGELS**
Je woordje paraat

130 **GET THE FEELING**
Boeken, films, muziek & blogs

132 **TRAVEL PURSUIT**
De MARCO POLO vakantiequiz

134 **REGISTER & COLOFON**

136 **OPGEPAST!**
Dompers & flaters ontlopen

Tijdsplanning
€-€€€ Prijsklassen

(A2) Coördinaten op de losse kaart
(a2) Extra plattegrond op de losse kaart
(0) Valt buiten de kaart

Eten & drinken
Shoppen
Uitgaan
Topstranden

Bij regen
Low-budget
Kinderpret
Typisch

SPECIALE TIPS

Overweldigend: de kust bij de Bedruthan Steps in West-Cornwall

BEST OF

BIJ REGEN

OOK FIJN BIJ SLECHT WEER

KLIMAATZONES VAN DE AARDE

Het *Eden Project* (foto) bootst onder enorme koepels de klimaatzones van de aarde na – zonder regen, maar wel deels met een hoge luchtvochtigheid. Waar anders in Engeland kun je in de winter temperaturen van 30°C meemaken?

➤ blz. 42, West-Cornwall

MET VISSEN OP OOGHOOGTE

Liever binnen droog naar water kijken dan buiten nat worden: het *National Marine Aquarium* in Plymouth toont vissen uit de hele wereld en het diepste bassin van het land.

➤ blz. 92, Zuid-Devon

KUNST UIT LONDEN

Hoezo zou je voor goede kunst helemaal naar Londen moeten? De Tate Gallery, een Brits topmuseum, toont in *Tate St Ives* – gegarandeerd droog – meesterwerken uit de collectie.

➤ blz. 55, West-Cornwall

BEZOEK AAN DE GROT

Spannend Torquay: in *Kents Cavern,* de oudste grotwoning in Groot-Brittannië, speelt het weer geen enkele rol – op deze plek waar al honderdduizenden jaren geleden mensen moeten hebben geleefd, heersen constante temperaturen.

➤ blz. 86, Zuid-Devon

SPRONG IN HET WARME WATER

In het waterpretpark *Leisure World* in Newquay kun je een hele dag plezier maken en niet aan de regen denken. Geweldig voor de kinderen!

➤ blz. 58, West-Cornwall

SHOPPEN VOOR EEN PRIKKIE

Waarom voor veel geld winkelen als het ook voordelig kan? De outletmall *Affinity Devon* bij Bideford verkoopt merkartikelen tegen gereduceerde prijzen. Slecht weer is dan al snel vergeten!

➤ blz. 110, Noord-Devon

BEST OF LOW-BUDGET

ALS JE OP DE KLEINTJES LET

EEN KIJKJE IN EEN IJSFARM

Jerseykoeien geven een bijzonder romige melk, ideaal voor het maken van ijs. Op de farm *Roskilly's* bij St Keverne kun je precies zien hoe dat in zijn werk gaat – voor noppes.

➤ blz. 48, West-Cornwall

GRATIS RONDWANDELING DOOR EXETER

Sightseeingtochten kunnen ook best goedkoop – daarom is Exeter de *Red Coat Guided Tours* gestart: stadswandelingen waar je gratis aan mee kunt doen. Elke dag minstens twee, ze beginnen voor de kathedraal.

➤ blz. 80, Zuid-Devon

UIT ETEN VOOR EEN VRIENDELIJK(ER) PRIJSJE

's Avonds uit eten kan duur zijn. Veel pubs hebben echter (de hele week of op bepaalde dagen) speciale aanbiedingen, die meestal neerkomen op een gratis drankje of twee gerechten voor de prijs van één. Bijvoorbeeld in *The Imperial* in Exeter.

➤ blz. 81, Zuid-Devon

GRATIS NAAR HET MUSEUM

Een museumbezoek is soms best duur, omdat veel musea uitgebreide tentoonstellingen samenstellen waarvoor ze een flinke entree kunnen vragen. Enkele musea zijn echter nog steeds gratis, waaronder *Lawrence House* in Launceston, waar je veel over de geschiedenis van Cornwall te weten kunt komen.

➤ blz. 64, Oost-Cornwall

GESCHIEDENIS VOOR NOPPES

In Cornwall en Devon vind je talrijke eeuwenoude bouwwerken – maar voor de meeste historische bezienswaardigheden moet je toegang betalen. *Lydford Castle* is een van de weinige middeleeuwse ruïnes die je gratis kunt bezoeken.

➤ blz. 97, Zuid-Devon

BEST OF
KINDERPRET

AVONTUREN VOOR KLEIN & GROOT

KEDENG KEDENG
Fun met de *Lappa Valley Steam Railway:* rijd per stoomlocomotief over het oude mijnterrein, of wil je liever zelf in een houten versie voor machinist spelen? Kinderen kunnen zich hier prima vermaken, ook bij het kanoën.
➤ blz. 59, West-Cornwall

ZELDZAME DIEREN
Wat de *Newquay Zoo* anders maakt, is dat het in de eerste plaats een fokcentrum voor zeldzame dieren is. Hier zijn zo'n 130 soorten te zien, waaronder leeuwen en apen, en voor kids is er ook een speeltuin.
➤ blz. 57, West-Cornwall

DINO'S IN DEVON
In Devon leefden vroeger dinosaurussen. In het themapark *Woodlands* kun je dinosaurussporen zien, met een reuzenschommel door de lucht zweven en van glijbanen omlaag roetsjen.
➤ blz. 90, Zuid-Devon

WATERPRET MET STRANDZICHT
Splashdown Quaywest in Torquay is het grootste waterpark in het Verenigd Koninkrijk – er zijn acht glijbanen waarop je met uitzicht op de baai van Torbay lekker nat wordt!
➤ blz. 87, Zuid-Devon

MINI-VISSERSDORP
De kleine vissersplaats Polperro is zo mooi dat de bewoners hem nóg een keer gebouwd hebben, maar dan in miniatuurformaat: het *Polperro Model Village.* Wandel als een reus tussen de huisjes en beleef het dorp op een heel bijzondere manier.
➤ blz. 67, Oost-Cornwall

ADRENALINEKICK
Speel voor Tarzan: in *Go Ape* bij Exeter kun je – goed vastgesnoerd – van boom naar boom slingeren, je aan een zipline door de lucht laten trekken of gewoon de touwbrug gebruiken.
➤ blz. 82, Zuid-Devon

BEST OF

TYPISCH

DAT ZIE JE NERGENS ANDERS

CREAM TEA MET SCONES
Scones met *clotted cream* en jam zijn een essentieel onderdeel van een echte *cream tea* in Cornwall en Devon. Er zijn mooie cafés om ervan te genieten, zoals het *Chapel Café* in de Port Isaac Pottery bij Padstow.
➤ blz. 73, Oost-Cornwall

WANDELEN AAN DE KUST
Het *South West Coast Path* loopt door heel Devon en Cornwall en biedt de optimale mogelijkheid om de twee graafschappen op wandelschoenen te verkennen. Je hoeft niet per se de hele route te lopen, een kort stukje is ook al een genoegen.
➤ blz. 111, Noord-Devon

EEN PINT IN EEN PUB
Wat zou Engeland zijn zonder pubs? In elk geval een stuk minder gezellig. 's Avonds gaan veel buurtgenoten en collega's naar de pub om de hoek om samen een *pint* te drinken – de perfecte plek om met de locals in gesprek te komen. *The Castle* in Porlock, een klein plaatsje in het noorden van Exmoor, is zo'n plek.
➤ blz. 103, Noord-Devon

TUINEN EN NOG MEER TUINEN
Vrijwel elk groot landgoed in Cornwall en Devon ligt te midden van een uitgestrekte tuin – er groeien hier bovendien planten die elders in Groot-Brittannië niet zouden gedijen. Een bijzonder mooi voorbeeld zijn de *Lost Gardens of Heligan* (foto).
➤ blz. 43, West-Cornwall

PLEKKEN VOOR WATERRATTEN
Watersport is hier gewoon niet weg te denken! Feitelijk vind je overal langs de kust stranden om te zwemmen, surfen en duiken. Vooral populair zijn de *stranden van Newquay* in Cornwall en *Exmouth Beach* in Devon.
➤ blz. 58, West-Cornwall,
blz. 84, Zuid-Devon

ZICHT OP DE STREEK

Zuid-Devon met zeezicht: ligstoelen op het strand van Beer

DUCKY'S 46
DUCKY'S 48

ONTDEK CORNWALL & DEVON

Een kudde pony's graast op de eenzame heide van Dartmoor

Ben jij een fan van strand en surfen? Of zijn geschiedenis en natuur je interessegebieden? Hou je van hippe bars of meer van rustieke pubs? Verblijf je graag in een modern hotel met een infinitypool of toch liever in een knusse cottage met *afternoon tea* en een tuin? Waar je voorkeur ook naar uitgaat: welkom in Devon en Cornwall – een 'uithoek' van de Britse eilanden die het elke vakantieganger naar de zin maakt.

PALMEN IN DE TUIN

Deze twee zuidwestelijkste graafschappen zijn de beste voorbeelden voor het natuurschoon van Groot-Brittannië, de lange architectuurgeschiedenis en natuurlijk een type mensen dat je alleen hier ontmoet, op het eiland dat ooit een wereldrijk was. En alsof dat nog niet aantrekkelijk genoeg is, is het er – tegen

6000 v.C. De eerste mensen vestigen zich in Dartmoor. Veel eerder leefden er al neanderthalers in Kents Cavern in Torquay

43 n.C. De Romeinen bezetten Engeland. Ze blijven tot ca. 440

400 De naam Kernow (Cornwall) wordt voor het eerst vermeld

500 De strijd van de Romeins-Keltische bevolking tegen de Angelen en Saksen vormt de basis van de legendes van koning Arthur

1620 De 'Mayflower' brengt vanuit Plymouth de eerste Engelse kolonisten naar Amerika

alle vooroordelen in – ook nog eens vaak heerlijk weer. Want dankzij de Golfstroom komt de temperatuur zelden onder het vriespunt, en 's zomers is het er warm maar niet te heet. Je ziet hier in voortuinen zelfs palmen staan. Waarom Devon en Cornwall tot de populairste vakantieregio's van het Verenigd Koninkrijk horen? Nou, hierom dus!

DROMEN, SURFEN, FEESTEN

Het zijn vaak de bekende schilderachtige clichébeelden uit tv-series als Beyond Paradise, The Coroner en Poldark die vele Europeanen naar deze regio lokken. Ze ontdekken er idyllische plekjes die regelrecht uit romantische en nostalgische fotoboeken komen, want daarvan bieden Cornwall en Devon er legio. Toch is dit maar één klein aspect van het leven van alledag hier. Zo is Newquay in het zuidwesten van Cornwall inmiddels allang uitgegroeid tot een van de populairste surfhotspots van Europa. Hipsters van over de hele wereld komen hier 's zomers op de woeste golven hun kunnen tonen.

Devon en Cornwall zijn op veel plaatsen jonger dan je denkt. Exeter, de hoofdstad van Devon, heeft vooral dankzij zijn universiteit een uitstekende reputatie op researchgebied. De stad trekt wetenschappers uit de hele wereld. Terwijl de oude binnenstad rond de majestueuze kathedraal als een van de topattracties van Engeland wordt beschouwd, heeft zich parallel hieraan een levendige studentenscene ontwikkeld, met een bijbehorend kleurrijk nachtleven – tussen het station en de binnenstad ontdek je tal van coole pubs.

1833 Dankzij de aanleg van de Great Western Railway komen voor het eerst grote aantallen toeristen naar Devon en Cornwall

1998 Met de sluiting van de South Crofty Mine komt er een einde aan 4000 jaar mijnbouw in Cornwall

2016 De Britten stemmen met een nipte meerderheid voor de Brexit en stappen uit de Europese Unie

2023 Cornwall Airport in Newquay wordt de eerste ruimtehaven van Groot-Brittannië (Spaceport Cornwall). De eerste satellietlancering in januari mislukt echter

Op het platteland gaat het er meestal rustig toe. In Midden-Devon, Exmoor, Dartmoor, aan de kust van Cornwall – hier lijkt de tijd te hebben stilgestaan. Lokale kleine middenstanders hebben zich – anders dan elders – weten te handhaven. Je vindt er nog talloze kleine winkeltjes met een bonte mengeling van producten, variërend van hengels tot melk. *Quirky* noemen de Britten het, eigenzinnig. Juist omdat alles een beetje *quirky* is, gaan veel mensen hier graag naartoe.

HET CORNISH WORDT TEGENWOORDIG WEER ONDERWEZEN

Hartelijk, maar misschien toch een beetje apart, zijn ook veel bewoners in dit deel van Engeland. Bezoekers worden overal vriendelijk en met open armen ontvangen. Tegelijkertijd zijn veel mensen die hier zijn geboren tamelijk chauvinistisch. Bij het Brexit-referendum in 2016, bijvoorbeeld, stemde de meerderheid van de kiezers in Devon en Cornwall voor het verlaten van de EU. Toch waren het nu juist deze graafschappen die het meest profiteerden van de financiële steun uit Brussel. In Cornwall zie je nog vaak de zwarte vlag met het witte kruis van het graafschap. Hij wappert op huizen en wordt op de achterruit van auto's geplakt. Cornish, de Keltische taal die al bijna was uitgestorven, wordt tegenwoordig weer onderwezen.

GEZELLIGE LUXE IN EEN BOETIEKHOTEL

Zowel Devon als Cornwall ontwikkelde zich in de 19de eeuw tot een populaire reisbestemming. In het zuidwesten waren ze zich al vroeg bewust van hun grote aantrekkingskracht op toeristen, wat leidde tot een uitgesproken zelfvertrouwen, ook wat de modernisering van hotels en restaurants betreft. Of beter gezegd: de overtuiging dat dit helemaal niet nodig was, omdat de vakantiegangers toch wel kwamen. Nog altijd tocht het her en der flink door de ramen met enkel glas, en wordt er volgens de (eeuwenoude) Britse traditie niet onder een dekbed geslapen, maar onder een laken en wollen deken. Toch is er ook veel geïnvesteerd, mede door grote ketens die zich inmiddels in het gebied hebben gevestigd en hotels met modern comfort hebben geopend.

ER VALT VEEL TE ONTDEKKEN

Nagenoeg overal kun je heerlijk wandelen – en aan de kust dan men name over het South West Coast Path, een ruim 1000 km lange wandelroute. Cornwall kan ook bogen op twee geografisch bijzondere plekken: het zuidelijkste punt van Engeland, Lizard Point, en het westelijkste, Land's End. Beide liggen op een prachtige kustlocatie, maar zijn ook toeristisch geëxploiteerd – je kunt de drukte het best meteen achter je laten en het kustpad gaan verkennen. Of vlucht per boot om in alle rust een van de mooiste archipels van Groot-Brittannië te bekijken: de Isles of Scilly, ca. 45 km voor Land's End en daarmee dus het eigenlijke westelijke uiteinde van Engeland. Maar wil je echt wel zo snel naar het einde van zo'n mooi deel van de wereld? Er valt immers nog zoveel te ontdekken!

EEN PAAR CIJFERS

1,7 mln
inwoners

Groningen, Friesland & Drenthe: 1,75 mln

976 km
kustlengte

België & Nederland: 588 km

10.110 km²
oppervlakte

Vlaanderen: 13.522 km²

KLIFKUST
223 m
is de hoogste klif van Cornwall, nabij Boscastle

WARMSTE MAAND IN EXETER
AUGUSTUS
21°C
temperatuur St Ives in december: 10 °C

STRANDEN
300
in heel Cornwall

BEKENDE PERSONEN UIT CORNWALL & DEVON
16de-eeuwse ontdekkingsreiziger sir Francis Drake; 19de-eeuwse hondenfokker John 'Jack' Russell; 19de-eeuwse mede-ontdekker van Neptunus John Couch Adams; auteurs Daphne du Maurier, Rosamunde Pilcher, John le Carré, Agatha Christie; drummer Mick Fleetwood; acteur John Nettles (Midsomer Murders)

BESTSELLER
Agatha Christies roman 'En toen waren er nog maar ...' (And then there were none) is 100 mln keer verkocht

CORNISH PASTY
per jaar worden er 120 mln stuks gemaakt

750 PUBS STAAN IN DEVON TOT JE BESCHIKKING

CORNWALL & DEVON BEGRIJPEN

ZUIDZEEKLIMAAT

Hier geen mist, eeuwige regen en kou! In Cornwall en Devon groeien zelfs palmen. Planten die voor Engelse breedtegraden eigenlijk ongebruikelijk zijn, bijv. uit Zuid-Amerika en van de Canarische Eilanden, komen in de twee graafschappen gewoon voor – het klimaat is hier ideaal voor ze, want de Golfstroom gaat langs de zuidkust van Groot-Brittannië en verleent het gebied een mild klimaat. Sneeuw is hier uiterst zeldzaam, want de temperaturen komen ook in de winter zelden onder het vriespunt. Wel regent het regelmatig, maar hou daarbij vooral altijd in gedachte dat het juist hieraan te danken is dat de Engelse gazons zo groen zijn. Aanhoudende regen komt trouwens niet vaak voor, je hebt hier meer te maken met korte buien. Door het eigenzinnige eilandklimaat kan het bovendien gebeuren dat bijv. in Dartmoor wegen onder water staan, terwijl maar een paar kilometer verderop in Exeter de zon schijnt. Hier is het altijd ergens Stille Zuidzee – je moet alleen op de dag zelf uitzoeken waar.

MAJESTEITELIJK

Hoe voelt het om alomtegenwoordig te zijn? Als de Britse vorst winkelt – gesteld dat hij dat wel eens doet – dan betaalt hij met zijn eigen beeltenis, want die prijkt op de munten en bankbiljetten in het Verenigd Koninkrijk. Als hij een brief verstuurt, plakt hij zichzelf op de envelop, want ook op de standaardpostzegels staat hij afgebeeld. Sinds de dood van Queen Elizabeth II in 2022 duurt het weliswaar nog even voordat haar opvolger en zoon Charles III echt op álle bankbiljetten, munten en postzegels te zien is, maar het worden er al steeds meer. In politiek opzicht speelt de monarchie echter geen grote rol meer. Net als in Nederland en België heeft het Verenigd Koninkrijk een parlementaire monarchie, wat inhoudt dat premier en parlement de echte politieke macht hebben. Maar anders dan bij ons is de Britse vorst voor de bevolking veel meer dan enkel een symbool. Voor het Groot-Brittannië van de 20ste en begin 21ste eeuw was Elizabeth II bepalender dan enig tijdgenoot van haar had kunnen zijn. Wat Buckingham Palace zegt, lijkt onaantastbaar. De monarch wordt – vooral na de lange regeerperiode van Elizabeth II – als een soort stem van het gezond verstand beschouwd.

GROENE VINGERS

Hij wordt min of meer als de Shakespeare van de tuinarchirectuur gezien: Lancelot 'Capability' Brown vond in de 18de eeuw hét aanzien van de klassieke Engelse tuin uit, zoals dat vandaag de dag wereldwijd bekend is. Brown ontwierp maar liefst zo'n 170 tuincomplexen in Groot-Brittannië, waaruit wel blijkt hoe groot de betekenis van de prachtige *gardens* in Engeland is. Je

Exotische planten op een klein eiland ver in het westen: Tresco Abbey Garden

vindt er geen landhuis of kasteel dat niet door artistiek ontworpen groen wordt omringd, en Brown heeft enkele tientallen navolgers gekregen. Ook in Cornwall en Devon zijn talrijke mooie parken en tuinen aan te treffen, bijv. rond Tresco Abbey en Lanhydrock. De behoefte om er iets wezenlijks aan te veranderen is niet erg groot. Vooral in het zuidwesten worden oude tradities gewaardeerd en gekoesterd – tuinen horen daar bij.

CHEERS!

In Devon en Cornwall staat de pub centraal in de leven van alledag. Bankier, tuinier of student: nagenoeg iedereen komt er voor een praatje. Na het werk drinkt men hier nog een *pint* (0,568 l) bier met collega's – maar menigeen gaat er ook gewoon in z'n eentje naartoe, neemt plaats aan de toog en weet dat hij *in no time* met iemand in gesprek raakt. Pubs zijn allesbehalve zomaar een buurtkroegje, ze zijn de plek die de Britse samenleving in goede en slechte tijden bij elkaar houdt. Er gelden een paar ongeschreven regels waaraan je je dient te houden: je bestelt hier altijd aan de toog, waar je ook meteen afrekent. Fooi wordt er in de pub niet gegeven, dus probeer dat ook niet. *Pints* worden tot de rand toe ingeschonken, zodat onervaren drinkers gegarandeerd onderweg naar hun tafel morsen. Waarom zitten ze zo vol? Omdat er in Groot-Brittannië van oudsher geen ijktekens werden gebruikt, en het glas zelf de maat was: het was pas een *pint* als het glas bijna overliep. Die traditie is tot heden bewaard gebleven.

Nog altijd even populair: een lekkere portie *fish & chips*

ROTONDES

Ze kunnen automobilisten tot waanzin drijven: de wegen van Devon en Cornwall liggen vol rotondes, geen stad, geen provinciale weg, bijna geen afrit van een snelweg die niet op enig moment op een rotonde uitloopt. En dan rijdt iedereen ook nog eens aan de 'verkeerde' kant. De verkeerde? Hoe het precies zit is nooit helemaal opgehelderd, maar uit afbeeldingen op oude munten valt op te maken dat zelfs de Romeinen met hun paarden links reden. Deze regel geldt overigens – zij het ongeschreven – in het dagelijks leven ook op voetpaden. Als je hier voor iemand uitwijkt, dan doe je dat meestal links. En alsof dit nog niet genoeg verwarring geeft, vormt Groot-Brittannië ook wat zijn maten betreft een uitzonderingsgeval. Er wordt mijlen, inches en yards gebruikt. Snelheden worden in *miles per hour* (mijl per uur) aangegeven. Waarom zou je je ook iets van de rest van de wereld aantrekkken?

REGIONALE STIJL

Landelijke mode met Barbourjack en visgraatcolbert? Da's iets van vroeger! In Cornwall en Devon zijn trendy modelabels ontstaan die nu overal in het land in de kledingkast hangen, vooral bij scholieren en studenten. *Jack Wills* uit Salcombe in Devon, bijvoorbeeld, is met ingetogen collegemode van hoge kwaliteit de concurrentie aangegaan met Amerikaanse merken als Abercrombie & Fitch en Gap. *Saltrock,* opgericht in Penzance, is een surfmerk dat lijkt op hippe kleding van Quiksilver en Element. *Seasalt* komt uit Falmouth in Cornwall en maakt zomerse damescollecties. Winkels van deze merken vind je in elke grote stad in het zuidwesten van Engeland.

VIS, VIS & NOG EENS VIS

Een eiland zonder vis is nauwelijks voor te stellen – het is dan ook niet verwonderlijk dat de visserij in Zuid-Engeland nog steeds deel uitmaakt van het leven van alledag aan de kust. Ruim 600.000 t halen Britse vissers jaarlijks uit het water – beduidend minder dan de grote concurrenten in Azië en overzee, maar genoeg om de restaurants en markten van het eiland van de beste vis en zeevruchten te voorzien. Die kun je nauwelijks ergens anders beter krijgen dan hier op de Britse eilanden – en dan niet alleen in de vorm van de alomtegenwoordige *fish & chips.* Probeer vooral delicatessen als jakobsschelpen en oesters, die bijna overvloedig en vooral tegen goede prijzen worden aangeboden.

WEDDEN DAT ...

Engelands weddenschappen zijn even berucht als het Engelse bier. Er is bijna geen plaats zonder wedkantoor en vrijwel geen aanleiding waarop niet gewed kan worden. Het eerste doelpunt van het WK, het laatste doelpunt van het EK, de naam van de volgende koninklijke baby of gewoon het weer aan het begin van de vakantie – er is altijd wel iets. De inzetten kunnen laag zijn, de opbrengsten hoog, maar veel waarschijnlijker: nihil. Uiteindelijk is er vooral maar één winnaar: de aanbieder van weddenschappen. Ook een lange traditie hebben honden- en vooral paardenrennen. Het hele jaar door worden de renpaarden in Devon uit de startboxen gelaten, renbanen vind je in Exeter en Newton Abbot. Bij de tijdschriftenhandel is het blad 'Racing Post' verkrijgbaar, dat geheel aan de paardenraces is gewijd.

GOODBYE, EUROPA!

Nee, de grote liefde was het nooit – maar dat de Britten in 2016 met een krappe meerderheid voor het verlaten van de Europese Unie stemden, verraste zelfs verstokte conservatieven op het eiland. Ook in Devon en Cornwall was de meerderheid voor de Brexit. Nog tot het einde toe zag je bij bouwplaatsen, wegen en bruggen blauwe borden met het opschrift 'Co-funded by the European Union'. Het Verenigd Koninkrijk was een 'grootontvanger' van Brusselse subsidies voor de structureel zwakke gebieden in het zuid-

STA HIER EVEN BIJ STIL

CORNWALL = PILCHER

In Cornwall kent iedereen de schrijfster Rosamunde Pilcher (1924–2019)? Nee, niet echt! Terwijl op het Europese vasteland (en dan met name in Duitsland) haar verhalen over liefdesperikelen een hit zijn, is ze in eigen land grotendeels onbekend. Zelfs in Lelant, het kleine plaatsje in het westen van Cornwall waar Pilcher een eeuw geleden werd geboren, weet bijna niemand wie ze is. Dat zou ook met haar verhalen te maken kunnen hebben. Die gaan over grote dynastieën in prachtige landhuizen, terwijl de locals maar al te goed weten dat Cornwall tot de armste regio's van Engeland behoort.

NIETS DAN THEE!?

Engelsen drinken enkel thee? Dat is allang niet meer zo – de afgelopen jaren zijn ook in de verste uithoeken van Cornwall coffeeshops geopend en de meeste daarvan serveren een perfecte cappuccino, bijna zoals in Italië. Niettemin staan de Britten met een jaarlijkse theeconsumptie van 1,94 kg per hoofd van de bevolking na Turkije en Ierland nog altijd wereldwijd mede aan de top. Hun 'theeritueel' is overigens verre van elitair – daarom zijn de meeste mensen tegenwoordig ook tevreden met een simpel theezakje uit de supermarkt.

westen van Engeland. Na de Brexit-party kwam het ruw ontwaken. Het pond kelderde, er was een plotseling tekort aan arbeidskrachten uit de EU, en Groot-Brittannië gleed – versterkt door de gevolgen van de corona-pandemie – af naar een ongekende economische crisis. Het is vooral goed om te weten dat tegenwoordig niemand op het eiland nog graag over de Brexit praat, omdat velen duidelijk de gevolgen hebben gevoeld.

OEROUD

Stonehenge kent iedereen. Maar wist je dat er in ook Devon en Cornwall verscheidene steencirkels liggen? Onderzoekers gaan ervanuit dat delfstoffen zoals tin en koper al vroeg mensen naar dit gebied hebben gelokt. Het lijkt erop dat deze voorouders er veel genoegen in schepten om stenen van de ene kant van het eiland naar de andere te vervoeren, ze mooi in cirkels te plaatsen of gewoon op elkaar te stapelen om er een hut van te bouwen. Waarom? Daarover wordt door wetenschappers nog altijd bij tijd en wijle geredetwist om uiteindelijk tot de conclusie te komen dat het waarschijnlijk om religieuze redenen moet zijn geweest. In elk geval leveren de overblijfselen uit de prehistorie diverse bezienswaardigheden met mooie namen op. *The Hurlers* ten noorden van Liskeard heten zo omdat ze een groep mensen zouden voorstellen die op vrijdag hurling (een soort rugby) speelden, hoewel dat verboden was, en daarom in steen werden veranderd. En ten zuiden van Penzance liggen de *Merry Maidens,* een 3000 tot 4000 jaar oude steencirkel die een groep van 19 meisjes zou voorstellen. Volgens de legende zijn ze in stenen omgetoverd omdat ze dansten op een heilige zondag. Maar maak je vooral geen zorgen: tegenwoordig hoef je hier in het zuidwesten niet meer voor dergelijke sancties te vrezen.

MIF OF TIF?

Engeland is een land van theedrinkers, en speciaal Cornwall en Devon springen eruit. De uitgebreidste maaltijden van de dag hebben het woordje *tea* in hun naam: *high tea, afternoon tea* – en de vooral in Devon en Cornwall alomtegenwoordige *cream tea.* Bij dit laatste komt bij het kopje thee een *scone* (een kruising tussen cake en een broodje), die met jam en *clotted cream* wordt besmeerd. Breakfast-melanges uit Assam, Ceylon en Kenia zijn de gangbaarste soorten, wie een beetje chic is, bestelt een Earl Grey, die ook in koninklijke huishoudens wordt geserveerd. Maar hoe drink je thee nu eigenlijk op de juiste manier? Het antwoord is: het land is verdeeld – tussen *MIF* en *TIF.* Terwijl sommigen eerst de melk in het kopje schenken *(milk in first* – MIF), beginnen anderen met de thee en voegen dan een beetje melk toe *(tea in first* – TIF). Er valt voor beide iets te zeggen, maar uiteindelijk is het de persoonlijke voorkeur die telt. Eén ding staat vast: room hoort niet in de thee, maar op de *scone.*

LEGENDARISCH

De legendes rond de mystieke vorst zijn bij bijna iedereen wel bekend. In

Oeroude steencirkels – altijd goed voor fantastische verhalen

Tintagel Castle aan de noordkust van Cornwall zou hij zijn verwekt, op allerlei andere plaatsen hebben gewoond, zijn gezien of langs zijn gereden. Er is echter geen enkel bewijs dat Arthur werkelijk heeft bestaan. Laat staan dat zijn ridders ooit de Heilige Graal hebben gevonden, zoals is overgeleverd. Wat wél vaststaat is dat Tintagel Castle, dat wat er nog van over is, in de tijd van Arthur nog helemaal niet bestond. En de vele ronde tafels die bij vergaderingen van de ridders zouden zijn gebruikt en die tegenwoordig nog altijd graag worden getoond, dateren eveneens van veel latere datum. Evenmin is het zeker dat het gebied rond Glastonbury het mythische Avalon is, waar Arthur begraven zou liggen. En ligt hij überhaupt wel ergens begraven? Legendes zijn ook vooral zo mooi omdat ze veel zaken mysterieus openlaten.

CHONS DA!

Dydh da, dyw genes, meur ras? Als dat je Spaans in de oren klinkt, moet je nog maar eens goed luisteren. Deze woorden komen namelijk uit het Cornish en betekenen zoiets als 'Hallo', 'tot ziens' en 'dank u wel'. Terwijl je in elke gewone Ierse pub doorgaans Iers zult horen en in Wales het Welsh nauwelijks te missen is, heeft het Cornish het eeuwenlang moeilijk gehad. Toch behoren ze alledrie tot dezelfde Keltische taalfamilie.

Het Cornish kwam zelfs nog maar zo sporadisch voor dat het lange tijd al als uitgestorven werd beschouwd. Maar pogingen van vorige regeringen om de taal nieuw leven in te blazen hebben hun vruchten afgeworpen. Toegegeven, je hoort misschien nog steeds niemand op straat een praatje in het Cornish houden, maar in Cornwall wordt de taal tegenwoordig wel weer onderwezen. En de regionale overheid heeft haar personeel onlangs geïnstrueerd om in de communicatie met burgers zoveel mogelijk Cornish woorden te gebruiken. Of dat zal helpen? Dat valt alleen maar te hopen: *Chons da* – veel geluk!

ETEN SHOPPEN SPORT

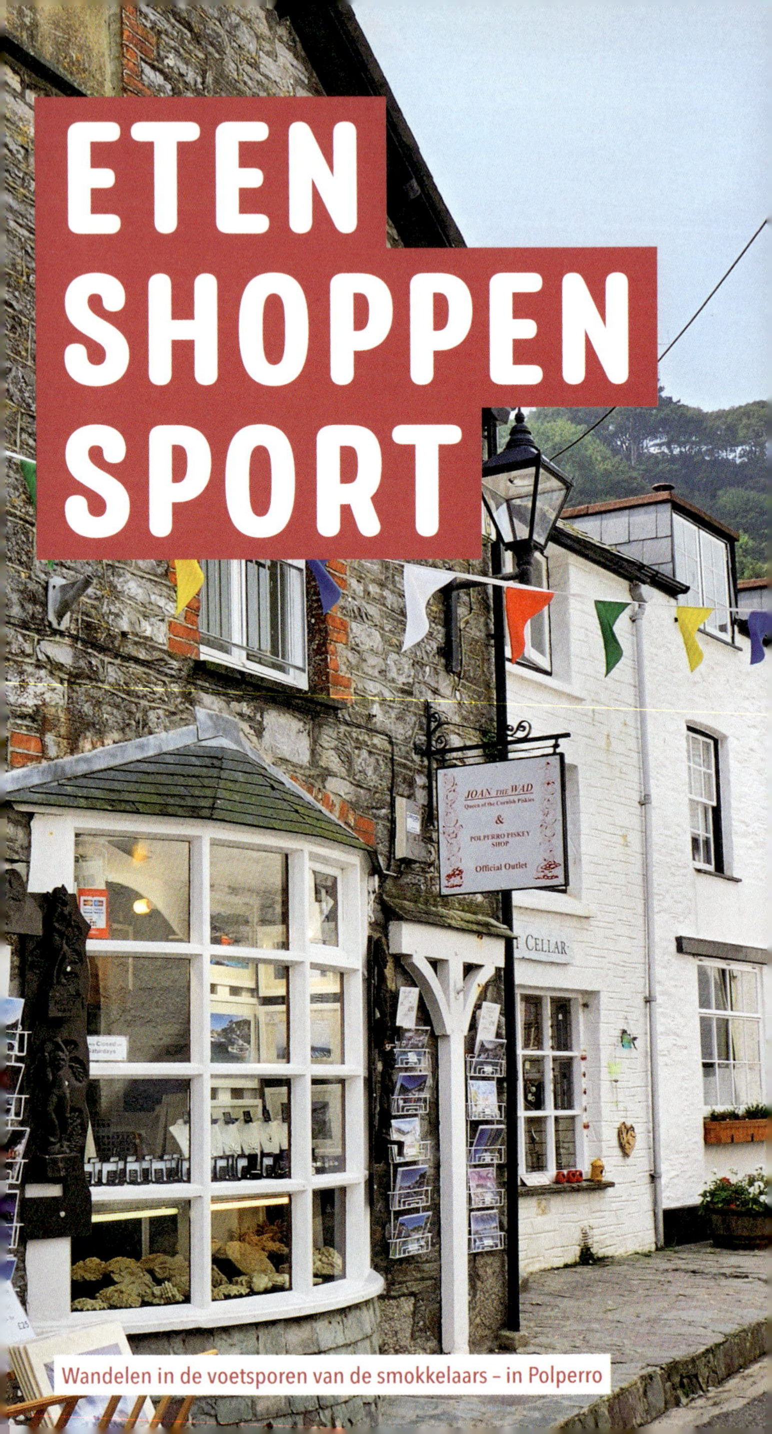

Wandelen in de voetsporen van de smokkelaars – in Polperro

THE
NOUGHTS
&
CROSSES
INN

ETEN & DRINKEN

Ben je een fan van vis en zeevruchten? Dan zijn Cornwall en Devon voor jou absoluut *the places to be*! Kabeljauw, kreeft, oesters, mosselen – wat hier op tafel komt, is meestal afkomstig uit de naaste omgeving en zwom vaak de avond tevoor nog in zee. En die versheid is duidelijk te proeven.

GEZOND IS DE TREND

De tijd dat pubs en restaurants niet veel meer serveerden dan *fish & chips*, gefrituurde visfilet met friet, is gelukkig allang voorbij. Bekende tv-koks als Jamie Oliver en Cornwalls culinaire legende Rick Stein hebben het hele land proberen te overtuigen van het belang van gezonde voeding. En dat heeft duidelijk zijn vruchten afgeworpen: zelfs in veel kleine *inns* op het platteland maken de chef-koks het zichzelf tegenwoordig niet gemakkelijk. Koken en fraai presenteren zijn een soort sport geworden, zelfs in kleine pubs ver weg op het platteland.

WAAR DE KOEIEN BUITEN GRAZEN

Er is echt voor elk wat wils – en dat geldt zeker voor vleeseters. Cornwall en Devon staan bekend om hun steaks en lamsvlees. Het vlees komt vrijwel altijd van boerderijen uit de omgeving waar de dieren het hele jaar door buiten kunnen grazen. Dit leidt ook tot voortreffelijke zuivelproducten: bijna overal zijn ook lactosevrije waren en producten op basis van soja verkrijgbaar, maar echte Britten zweren bij hun melk met een bijzonder hoog vetgehalte van Engelse koeien. Hierdoor smaken ijs en yoghurt uit Cornwall en Devon ook intenser dan elders. In de betere restaurants wordt vaak lichtgezouten boter gebruikt, net als in Frankrijk. Dit is

Karakteristiek en lekker tegelijk: cider (links) en scones (rechts)

niet de enige parallel – wijn, wit brood, water bij de maaltijd, veel sympathieke tafelgewoontes van het continent, zoals de rest van Europa hier vaak een beetje afstandelijk wordt genoemd, zijn ook in Engeland ingeburgerd.

DE CULINAIRE WERELD WORDT DOOR KETENS BEPAALD

Ook niet meer weg te denken zijn hamburgers. De tijd dat fastfoodketens het alleenrecht hadden om deze te serveren, is voorbij. Sinds enkele jaren vind je hier steeds meer hippe restaurants en hele ketens die zich in stijlvolle burgers specialiseren, zoals Byron en Gourmet Burger Kitchen. Een belangrijke trend in de Britse gastronomie is dat er voor bijna elke smaak een eigen, meestal landelijke restaurantketen is. En dat geldt ook voor cafés: de meeste pubs zijn eigendom van brouwerijen en pubconcerns, ook al zie je dat aan de buitenkant nauwelijks. Zelfstandige kleine pubs bestaan bijna niet meer.

Traditioneel serveerden pubs alleen eten rond lunchtijd – maar dat is nu aan het veranderen. Steeds meer pubs bieden ook 's avonds een uitgebreid menu aan. Restaurants zijn meestal open van 12 tot 14.30 uur en van 18.30 tot 21.30 uur (laatste bestelling). Kleine zaken blijven vaak op maandag dicht.

PERFECTE BESTEMMING VOOR VEGETARIËRS EN VEGANISTEN

Moderne Britten zijn tegenwoordig veel bezig met fitness en gezondheid – vegetarisch en veganistisch eten is dan ook heel populair. Restaurants en pubs hebben hun keuze hieraan aangepast, en ook aan bijzondere voedselintoleranties. Op bijna alle menukaarten staan de betreffende gerechten apart vermeld. Overal word

je goed geadviseerd als je een bepaald product niet verdraagt, of het nu gluten, lactose of noten zijn.
In de supermarkt kun je veel geld besparen en tal van lekkernijen ontdekken: ketens als Waitrose en Marks & Spencer hebben zich gespecialiseerd in levensmiddelen van hoge kwaliteit en inmiddels ook een netwerk van kleinere filialen opgezet die voornamelijk salades, sandwiches, sushi en fruitmixen verkopen die elke kritische vergelijking met gastronomie makkelijk kunnen doorstaan.

INSIDERTIP **Voor de stevige trek**

Samen buiten tafelen: *feast nights* zijn nieuwe massa-events, waarbij het maar om één ding draait – eten. Iedereen neemt borden, wijn en bestek mee en komt samen bij georganiseerde evenementen, om daar te worden gefêteerd op allerlei lekkers. Het speelt zich allemaal af in de buitenlucht en in een ontspannen sfeer. Alleen de kwaliteit van het eten wordt scherp gecontroleerd. De leveranciers zijn voornamelijk boerderijen.

EEN PINT IN DE PUB

Engelsen drinken het liefst in de pub. In restaurants mag het tegenwoordig dan wel vooral wijn zijn, maar in het dagelijks gebruik is bier nog altijd het meest gewild. Dat komt ook doordat elke pub, hoe klein ook, zelden minder dan vijf à zes soorten bier van de tap schenkt. En in grote pubs is dat al snel het dubbele. *Lager*, vergelijkbaar met het pils van het continent, is al heel lang het populairst en wordt ook geëxporteerd. Bijna altijd zijn er ook soorten van lokale brouwerijen verkrijgbaar: de St Austell Brewery gaat met zijn Korev Lager met veel succes de strijd aan tegen de machtspositie van de grote concurrenten op de markt. Ook de St Ives Brewery brouwt een *lager,* evenals Bays uit Paignton in Devon. Bijna heeft de voorliefde voor *pale ale* (blond bier) een oer-Britse specialiteit verdrongen, maar aan het einde van de jaren 1990 schoten uitgerekend de grote pubketens te hulp met een campagne: *real ale,* een rood bier zonder koolzuur, dat op keldertemperatuur wordt getapt, heeft weer zijn vaste plaats in de pubs terugveroverd. De craft beer-trend heeft ertoe bijgedragen dat ook kleine brouwerijen weer een kans krijgen aan de tapkranen. Onder de *stouts,* de donkere, fluweelzachte bieren, is het Ierse Guinness de onbetwiste nummer één. Maar ook hier komen lokale brouwerijen voortdurend met verrassende nieuwe bieren. Het proeven waard!

APPELTJE VOOR DE DORST

Veel fruitiger is een andere specialiteit, die echter meestal uit het naburige graafschap Somerset komt: cider. De Britse versie van deze mousserende drank van gegist appelsap bevat meestal evenveel alcohol als bier en is verkrijgbaar in allerlei verschillende variaties. Wie de moeite neemt om verder te kijken dan de standaard soorten die in pubs worden verkocht, zal op verbazend creatieve varianten stuiten – soms bitterder, soms zoeter dan gebruikelijk, en tegenwoordig ook vervaardigd van heel andere soorten fruit.

Dagspecialiteiten

Voorgerechten

OYSTERS
oesters met citroen

LEEK AND POTATO SOUP
romige soep van prei en aardappels

CORNISH PILCHARDS
gebakken sardientjes met brood

CORNISH MUSSELS
mosselen in cider met room

Hoofdgerechten

STARGAZY PIE
ovenschotel van aardappel en ei waaruit hele sardientjes omhoogsteken

CHICKEN TIKKA MASALA
stukjes kipfilet in rode currysaus

FISH & CHIPS
gefrituurde vis met friet en *mushy peas* (puree van erwten, boter en munt)

SUNDAY ROAST
geroosterd rundvlees met aardappels, groente en *Yorkshire pudding*

COTTAGE PIE
ovenschotel van gehakt, bedekt met een laag aardappelpuree

Desserts

RHUBARB CRUMBLE
gebak van vruchtencompote met een laag kruimels, geserveerd met vanillesaus *(custard cream)*

STICKY TOFFEE PUDDING
met toffeesiroop doordrenkt gebak, overgoten met vanillesaus

CHEESE BOARD
kaasplankje met cheddar, stilton en andere Engelse kaassoorten

Snacks

CORNISH PASTY
bladerdeegpasteitje gevuld met vlees

JACKET POTATO WITH CHEESE
gepofte aardappels gevuld met geraspte cheddar

CRAB SANDWICH
toast belegd met krabvlees en mayonaise

Tea

CREAM TEA
thee en *scones* met jam en *clotted cream* (dikke room)

KIJKEN & KOPEN

MOOIS VAN GISTEREN

Heel Cornwall lijkt wel antiek. Als je op zoek bent naar mooie oude spullen als origineel souvenir, kom je in het zuidwesten van Engeland volop aan je trekken. De hoofdstad van het antiek is Honiton in Oost-Devon, waar wel zo'n 25 antiekwinkels zijn gevestigd. Ook Barnstaple is een goede plek, net als Lostwithiel bij St Austell in Cornwall. Serviesgoed en glaswerk zijn te koop op vlooienmarkten, die vooral in Devon veel te vinden zijn.

DOOR DE BLOEMEN

De vele tuinen in het zuidwesten moeten worden onderhouden. Daarom zijn er op het platteland grote tuincentra te vinden, waar je van plantenschepje tot bloempot al je tuinbenodigdheden kunt kopen. Ook de National Trust beheert op zijn kastelen en landgoederen dergelijke winkels. Maar let op: om planten in de EU in te voeren heb je een fytosanitair certificaat nodig, wat in de praktijk veel te omslachtig is.

IS DAT KUNST?

Niet alleen in de kunstenaarshotspot St Ives ontluiken talenten. In veel kleine plaatsen vind je individuele galeries met werk van kunstenaars uit de regio. Er is vooral vraag naar olieverf- en aquarelschilderijen met kustmotieven – vakantiesfeer voor thuis. Maar je kunt ook souvenirs in nieuwe uitvoeringen krijgen: artistiek bedrukte placemats, theedoeken en mokken. De kwaliteit is meestal een stuk beter dan import uit het Verre Oosten.

EET SMAKELIJK!

In Cornwall en Devon komen veel etenswaren uit eigen regio. Het is de moeite waard om niet alleen een kijkje in de supermarkten te nemen, maar ook in de talrijke kleine delicatessen-

Goede keuze: een theepot (links) voor thuis, aardbeien (rechts) om meteen van te smullen

winkels. Je kunt er heerlijke levensmiddelen krijgen, zoals lokaal geproduceerde jam, sauzen, chutneys en nog veel meer. De *Cornish Sea Salt Company* bijvoorbeeld produceert op het schiereiland Lizard zeezout. Daarnaast worden er in Cornwall en Devon zo'n 100 kaassoorten gemaakt. Let op: dierlijke producten als kaas mag je niet meenemen naar de EU.

OPKIKKER & AFZAKKERTJE

Engelse thee is wereldberoemd, al komen de theeblaadjes eigenlijk voornamelijk uit India en Nepal. Maar *Tregothnan* verbouwt bij Truro ook zijn eigen thee. Deze is direct verkrijgbaar op het terrein (St Michael Penkivel, Truro), in geselecteerde winkels en in sommige cafés. Voor koffie geldt dit (nog) niet, maar je vindt in Zuid-Engeland wel uitstekende koffiebranderijen, zoals *DJ Miles* in Porlock (Exmoor). Op zoek naar een fles wijn als souvenir? De laatste decennia zijn er verscheidene wijngoederen opgezet, waaronder *Eastcott* bij Okehampton en *Polgoon* bij Penzance. Vele daarvan produceren ook cider. Net als elders in Engeland is ook gin heel erg populair. Naast de klassieker *Plymouth* zijn er intussen ook veel kleine merken bijgekomen, zoals *Elemental* uit St Columb.

SIDERTIP
Tea for two

STIJLVOL IN DE GOLVEN

Laat je zwembroek/bikini maar thuis, want alles wat je nodig hebt kun je ter plekke kopen. Zwemkleding en surfuitrustingen vind je in de kustplaatsen in overvloed, vooral in Newquay. Deze is er vaak niet per se goedkoper, maar je hebt een zeer ruime keuze. Twee hippe surfmerken uit Cornwall zijn *Saltrock* en *Finisterre* – voor wie zich van de internationale mainstream wil onderscheiden.

SPORT

De jogging- en fitnesstrend heeft natuurlijk ook het zuidwesten van Engeland allang veroverd; overal zijn studio's geopend, overal zie je 's ochtends montere mensen op het strand hardlopen.

Zelfs de fiets is tegenwoordig – heel anders dan vroeger – een vast onderdeel van het Engelse dagelijks leven. Van oudsher is ook surfen in Cornwall en Devon erg populair: de zee ligt zo dichtbij dat het voor velen bijna dagelijkse routine is om een duik te nemen. Tennissen en golfen zijn in Devon en Cornwall volkssporten, niet in de laatste plaats omdat je hier geen duur clublidmaatschap nodig hebt om te kunnen deelnemen.

VISSEN

Waar veel vis wordt gegeten, kun je natuurlijk ook zelf een hengel uitwerpen. De rivieren en meren zitten vol forel en op sommige plekken zelfs een deel van het jaar zalm. Om daar te mogen vissen heb je een vergunning *(rod license)* nodig, die wordt verstrekt door hengelsportverenigingen, overheden en postkantoren (afhankelijk van de vissoort vanaf £6 per dag).
De South West Lakes Trust *(swlakes fishing.co.uk)* onderhoudt een serie wateren en geeft vergunningen uit. Voor vissen in zee heb je geen vergunning nodig. In veel havens worden speciale tochten van een halve of een hele dag voor hengelaars aangeboden. *Info: anglingtrust.net*

COASTEERING

De steile kusten nodigen uit om op de rotsen te klauteren, in het water te springen, in kleine grotten te zwemmen en weer omhoog te klimmen – een beetje gek, maar best cool. Wel is het raadzaam om deze sport alleen in groepsverband (£35–50 p.p.) te beoefenen, want anders is het – zeker

Gewoonweg prachtig: wandelen op het South West Coast Path

voor beginners – veel te gevaarlijk. In veel kustplaatsen vind je aanbiedingen, o.a. in Land's End, in Salcombe en op de Isles of Scilly. *Info: britishcoasteeringfederation.co.uk*

FIETSEN

De tijd dat fietsen in Engeland net zo exotisch was als een tuktuk zijn allang voorbij. Tegenwoordig omvat het netwerk van fietspaden van het *National Cycle Network* wel 23.700 km, waarvan een groot deel in Devon en Cornwall. Er voeren vaak aparte themaroutes door prachtige landschappen, bijv. de *Camel Trail* bij Padstow en de *Granite Way* bij Lydford. Als je fit bent, kun je ook *route nr. 27* tussen Ilfracombe en Plymouth proberen. Deze verbindt Noord- en Zuid-Devon over een afstand van 127 km met elkaar en voert door een veenlandschap, over victoriaanse viaducten en langs de kust. Een fietsverhuurwinkel vind je onderweg in iedere toeristisch relevante plaats (ca. £20 per dag). *Info: sustrans.org.uk*

SIDERTIP
Voor fitte fietsfans!

PAARDRIJDEN

Niet alleen de Queen hield van paarden: vooral in Exmoor en Dartmoor horen ze bij het leven van alledag, de exmoorpony's zijn tot ver buiten de grenzen van Engeland bekend. Verscheidene hotels en B&B's organiseren paardrijvakanties, en ook voor korte buitenritten ben je hier aan het juiste adres. Paden die voor paarden geschikt zijn, worden in Engeland *bridleways* genoemd *(bhsaccess.org.uk/ridemaps). Info: bhs.org.uk | visit-exmoor.co.uk/horse-riding*

ZEILEN

De klassieke zeilgebieden in Engeland liggen langs de zuidkust, vooral in de richting Hampshire en Sussex.

Maar ook het zuiden van Cornwall en Devon is populair bij veel zeilers. Fowey en Dartmouth zijn typische zeilgebieden, en ook de Isles of Scilly. Belangrijke wedstrijden zijn de *Torbay Royal Regatta,* de *Falmouth Week Regatta* en de *Port of Dartmouth Royal Regatta,* die allemaal in augustus plaatsvinden. *Info: rya.org.uk*

SUPPEN

Windsurfen is al jaren populair in Cornwall, maar ook hier laten beoefenaars steeds vaker het zeil weg en gebruiken in plaats daarvan een peddel – waarna ze vroeg of laat in het water vallen. Leren *suppen* kan inmiddels in bijna alle grotere surfgebieden in het zuidwesten van Engeland. Wetsuits en uitrustingen kun je huren. En er is – zoals voor bijna alles in Engeland – een overkoepelende organisatie, de *British Stand Up Paddling Association (bsupa.org.uk).*

SURFEN

Newquay met zijn kilometerslange stranden en uitstekende surfcondities is een van de populairste surfspots in Europa. Ook geliefd bij surfers zijn Sennen Cove in Cornwall en Bigbury in Devon. Aan bijna alle grotere stranden worden surfboards en wetsuits (ca. £10) verhuurd en cursussen aangeboden, ook voor beginners (vanaf £30). *Info: surfingengland.org | surfing-cornwall.com*

DUIKEN

Rond de Britse kust liggen duizenden scheepswrakken, alleen al zo'n 3500 voor Cornwall – stormen, oorlogen en riffen hebben in de loop der eeuwen heel wat schipbreuk veroorzaakt. Slecht voor de scheepvaart, maar des te aantrekkelijker voor duikers. Ondanks het betrekkelijk koude water wordt deze sport hier veel beoefend. Een goede plek zijn de verspreide Isles of Scilly, waartussen alleen al zeker zo'n 1000 wrakken te vinden zijn, en tussen Bude en Hartland liggen er nog eens zoveel. *Info over duikgebieden: bsac.com*

TENNISSEN

Natuurlijk heeft Wimbledon ervoor gezorgd dat tennis in Engeland nooit uit de mode is geraakt. Maar vooral sinds de successen van Andy Murray zitten de Britten weer voor allerlei toernooien aan de buis gekluisterd. En ze pakken ook zelf het racket op. In grotere vakantiehotels hoort een tennisbaan er standaard bij. De campagne *Tennis for Free (tennisforfree.com)* is erop gericht dat er zoveel mogelijk gratis banen en cursussen beschikbaar komen. Tot dusver tellen Devon en Cornwall vier centra (Plymouth, Truro en twee banen in Exeter). *Info: playfinder.com/uk/tennis*

WAKEBOARDEN & WAKESKATEN

Waterskiën is ouderwets? Ga dan eens op een wakeboard of -skate staan en laat je door een boot of waterskilift over een meer voorttrekken. Beetje adrenaline, heel veel natuurschoon – en nat word je op het eind gegarandeerd ook nog: deze sport is dus geschapen voor waterminnend Cornwall. Je kunt hem beoefenen in Penryn in het *Kernow Adventure Park*

Stap op je board – surfers vinden in Cornwall kilometerslange stranden

(kernowadventurepark.com) en in Padstow in de *Camel Ski School (camelskischool.com).*

WANDELEN

Engeland is een paradijs voor wandelaars. Naast het *South West Coast Path (southwestcoastpath.org.uk),* dat helemaal rond de kust van Devon en Cornwall loopt, vind je in de graafschappen talrijke kleinere bewegwijzerde routes, met name in Exmoor en Dartmoor. Vooral in de winter moet je zorgen dat je proviand bij je hebt, want de anders zo overvloedig voorhanden cafés en kiosken aan de kust zijn in dat jaargetijde meestal gesloten. Bijna overal worden wandeltochten georganiseerd – informeer bij de plaatselijke toeristenbureaus. De kans is klein dat je onderweg gevaren tegenkomt, behalve (zeer zelden) adders en (vaker) koeien, die je het best zoveel mogelijk uit de weg kunt gaan. En onderschat het weer niet: wandelpaden langs de kust zijn prachtig, maar je kunt er beter niet gaan lopen bij storm en al helemaal niet bij onweer. Vaak kom je kilometerslang nergens een gelegenheid tegen waar je kunt stoppen om binnen even uit te blazen en een hapje te eten. De windvlagen kunnen sterk zijn, en wie hier door donder en bliksem wordt verrast, brengt zichzelf in levensgevaar. Het weerbericht op ontbijt-tv van de BBC is betrouwbaar – net als de gratis app van de nationale meteorologisch dienst MetOffice (iPhone, Android).

Een analoge plattegrond of een offline kaart kunnen van pas komen, want niet overal aan de kust zul je mobiele ontvangst hebben.

DE REGIO'S IN HET KORT

Steile kusten en pony's: authentiek Devon
Kanaal van Bristol
NOORD-DEVON BLZ. 98
Barnstaple
Torridge
Taw
Exe
Exeter
Colliford Lake
ZUID-DEVON BLZ. 76
Torquay
Plymouth
Van alles wat: wandelen, feesten, ontspanning
Het ruige deel: historie, havens en vele mythes
Het Kanaal
20 km
12.43 mi

WEST-CORNWALL

PARADIJSELIJK ENGELAND

West-Cornwall ligt met de auto op bijna zes uur rijden van Londen – maar toch wil iedereen erheen, naar het paradijs van Engeland. Door de witte stranden, het heldere water en de verspreid liggende kleine dorpjes voelt het al snel alsof de Britse hoofdstad lichtjaren ver ligt.

Hier vind je niet alleen het westelijkste punt van het eiland, Land's End, maar ook het zuidelijkste, Lizard Point. Komt de omgeving je misschien bekend voor? Dat kan kloppen want er zijn hier talloze

Bij de Bedruthan Steps nabij Newquay komen stranddromen uit

televisieseries en films opgenomen. Je ontmoet er aangenaam ongepolijste locals, die ver weg van de grote steden wonen en een heel eigen karakter hebben ontwikkeld. En je komt bereisde bewoners tegen die eettrends uit Frankrijk, surfmode uit Australië en technologie uit Tokio hebben meegebracht, die je terugvindt in nieuwe hotels, kleine restaurants en winkels aan het strand. In West-Cornwall mag de tijd dan vaak hebben stilgestaan – de streek is ook op een sympathieke manier hip geworden.

WEST-CORNWALL

MARCO POLO HIGHLIGHTS

★ EDEN PROJECT
Onder fantastische koepels: alle klimaatzones van de wereld bij elkaar in een voormalige mijngroeve ➤ blz. 42

★ LIZARD POINT
Het fraaiste uitzicht van Cornwall met een van de mooiste vuurtorens ontdek je op het schiereiland Lizard – je gaat hier vanzelf aan de wandel ➤ blz. 47

★ ST MICHAEL'S MOUNT
Eb, vloed en een klein eiland: deze Engelse kloosterberg in zee is bijna net zo mooi als zijn Franse tegenhanger Mont-Saint-Michel ➤ blz. 51

★ MINACK THEATRE
Uniek openluchttheater meteen aan de steile kust ➤ blz. 52

★ ISLES OF SCILLY
Afgelegen eilandengroep vol stranden, bloemen – en zonneschijn ➤ blz. 53

★ TATE ST IVES
De Londense Tate Gallery toont eersteklas kunst op het strand van Cornwall, compleet met uitzicht op zee ➤ blz. 55

★ STRANDEN VAN NEWQUAY
De ene baai na de andere en veel surfplezier ➤ blz. 58

KELTISCHE ZEE
Tintagel
Port Isaac
Polzeath
Padstow
St Kew Highway
Wadebridge
39
18 Bedruthan Steps
Mount Charles
Watergate Bay
6 km, 1 ½ uur
CORNWALL
stranden van Newquay
St Columb Major
30
Newquay
BLZ. 57
Roche
Stenalees
Holywell
16 Trerice
Lappa Valley Steam Railway 17
Eden Project 1
Perranporth
30
BLZ. 42
St Austell
68 km, 1 uur 10 min.
6 St Agnes Heritage Coast
5 Healeys Cornish Cyder Farm
Grampound
39
Porthtowan Beach
Lost Gardens of Heligan 2
Mevagissey 3
Portreath
390
Truro
BLZ. 43
Tregony
Tate St Ives
43 km, 45 min.
Redruth
Gorran Haven
Porthmeor Beach
Camborne
4 Trelissick Garden
St Ives
BLZ. 55
30
Hayle
Praze-An-Beeble
Ponsanooth
7 Roseland
Gerrans
Penryn
Falmouth
BLZ. 45
Poldark Mine
394
Leedstown
Penzance
BLZ. 50
10 Godolphin
9
Gyllyngvase Beach
Marazion
11 St Michael's Mount
Helston
46 km, 50 min.
Mawnan Smith
8 Porthleven
St Keverne
Mullion
Lizard
BLZ. 47
Coverack
Lizard Point
Het Kanaal

ST AUSTELL

(□ G9) **Nauwelijks te geloven dat St Austell (34.700 inw.) de grootste stad van Cornwall is: het centrum oogt vrij bescheiden en de grote attracties ontstonden pas laat.**

St Austell was eeuwenlang een centrum voor de winning van kaolien (porseleinaarde). Op het toerisme ging men zich pas vanaf de jaren 1990 richten, toen er in het zuidwesten een einde aan de mijnbouw kwam. Over de geschiedenis kom je meer te weten in het *Wheal Martyn China Clay Heritage Centre (dag. 10–16 uur | entree £12 | Wheal Martyn | Carthew | wheal-martyn.com | 5 km N van het centrum).*

SIGHTSEEING

ST AUSTELL BREWERY

Hier zie je hoe enkele van de beroemdste bieren van Cornwall worden gebrouwen. Deze brouwerij maakt diverse lagers, ales en stouts. Je kunt de productieruimtes bezoeken. *Ma–za 9–17 uur | rondleidingen (11 en 14 uur) £20, Tasting Session £12,50 | 63 Trevarthian Road | staustellbreweryvisitorcentre.co.uk | 2 uur*

CHARLESTOWN

Voor het transport van de kaolien werd eind 19de eeuw een haven noodzakelijk, die St Austell liet aanleggen in een klein vissersdorp. Vrachtschepen leggen hier tegenwoordig niet meer aan, nu is het een plek om te kijken en bekeken te worden. In het *Shipwreck Treasure Museum (maart–okt. dag. 10–17 uur | entree £6, met haven £10 | Quay Road | shipwreckcharlestown.co.uk | 1 uur)* draait alles om de vele wrakken voor de kust. Volgens het museum zelf is dit de grootste verzameling in zijn soort in Europa.

ETEN & DRINKEN

THE LONGSTORE

Steaks en vis. Daarvoor gaan de locals naar dit restaurant met uitzicht op de haven van Charlestown. De sfeer is ontspannen en modern, het eten klassiek verfijnd. *Harbour Front | tel. 01726 685 98 | thelongstore.co.uk/the-longstore-charlestown | €€€*

OMGEVING ST AUSTELL

1 EDEN PROJECT ★

5 km / 10 min. NO van St Austell (auto)

Enorme kunststof koepels overspannen delen van een voormalige kaoliengroeve en vormen het hart van een gigantisch project: eronder worden de klimaatzones op aarde nagebootst en groeien planten uit alle continenten. De luchtvochtigheid en temperaturen zijn deels tropisch. De energie wordt grotendeels door eigen windturbines en zonnepanelen opgewekt. De koepels hebben iets sciencefiction-achtigs en ook James Bond liep er in de film 'Die Another Day' al eens overheen gelopen. Aan de rand van het terrein staat een alternatieve *jeugdherberg*

INSIDERTIP
Glamping i.p.v. slaapzaal

(16 kamers | tel. 0345 3719573 (*) | yha.org.uk) voor glampeerders: je overnacht in de Airstream-caravan of in opgepimpte tenten. *Dag. 9.30–18, 's winters tot 16 uur | entree £32,50 (online reserveren nodig) | Bodelva | Par | edenproject.com | 3–4 uur | G9*

2 LOST GARDENS OF HELIGAN

10 km / 15 min. Z van St Austell (auto)

De vergeten tuin bloeit weer op: de Lost Gardens of Heligan werden in de 18de eeuw aangelegd, maar verwilderden later, totdat de initiatiefnemer van het Eden Project, Tim Smit, ze ontdekte en liet opknappen. Het terrein bestaat uit diverse verschillend vormgegeven tuinen. In de moestuin groeit zelfs ananas! *April–okt. dag. 10–18, nov.–maart 10–17 uur | entree £18,50 | Pentewan | heligan.com | 2–3 uur | G9*

3 MEVAGISSEY

10 km / 12 min. Z van St Austell (auto)

In de haven van dit beeldschone vissersdorp (2000 inw.) deinen boten, aan weerszijden van het bekken voeren smalle straatjes met kleine huisjes heuvelopwaarts. Geen wonder dat het plaatsje bekend is om zijn heerlijke visgerechten, verkrijgbaar in o.a. *Sharksfin (The Quay | tel. 01726 842969 | thesharksfin.co.uk | €€)* aan de haven. Van mei tot september gaat er meermaals per dag een kleine veerboot van Mevagissey naar Fowey, met superuitzicht op de kust. *G9*

TRURO

(E9–10) **Veel plaatsen in Cornwall doen aan als kleine centra, maar de enige echte hoofdstad is Truro (19.000 inw.).**

De binnenstad tussen Lemon Street en Victoria Square laat qua shoppen weinig te wensen over en als je uit eten (en drinken) wilt, dan is dit de perfecte plek, want je hebt er keuze uit talloze pubs en restaurants. Truro werd pas in de 19de eeuw de hoofdstad van Cornwall. Vanwege de vele representatieve *georgian* en victoriaanse gebouwen werd de stad vroeger ook wel het 'Londen van Cornwall' genoemd. Zo ver wil men tegenwoordig niet meer gaan, maar je kunt bijna niet om

Schilderachtiger kan het haast niet: het vissersdorpje Mevagissey

een bezoek aan het strategisch centraal gelegen Truro heen.

SIGHTSEEING

TRURO CATHEDRAL

Dit neogotische godshuis ziet er oud uit – maar werd pas in 1910 voltooid. De bouw was noodzakelijk omdat in Groot-Brittannië een stad alleen een *city* is als er een kathedraal staat – en als hoofdstad mocht Truro geen *town* meer zijn. Overdag vanaf 17.30 uur kun je bij de *Choral Evensong* van feestelijke klanken genieten. Aan de zuidkant van het gebouw zijn nog resten van de St Mary's Church te vinden, die voor de nieuwbouw moest wijken. *Ma–za 10–17, zo 11.30–16.30 uur | gratis entree | 14 St Mary's Street | truro cathedral.org.uk | 30 min.*

Ruimte voor mooie klanken: Truro Cathedral

ROYAL CORNWALL MUSEUM

In het oudste museum van Cornwall kom je veel te weten over de geschiedenis van dit deel van het land, vooral aan de hand van archeologische vondsten en een reeks kunstwerken (voornamelijk realistisch), die tot de grootste verzameling van het graafschap behoren. *Di–za 10–16 uur | entree £7,50 | River Street | royalcornwallmu seum.org.uk | 1 uur*

ETEN & DRINKEN

BUSTOPHER JONES

Deze chique bistro heeft meer iets weg van een pub met een licht interieur in strandstijl. Maar het eten is hier de grootste troef: heerlijke vis- en vleesgerechten, naast vegetarisch. Wat dacht je van aspergecrêpes, eendenborst of een hele kreeft? *62 Lemon Street | tel. 01872 430000 | busto pher-jones.co.uk | €€€*

THE CORNISH VEGAN

INSIDERTIP Hier geen vis op het menu

Puur veganistisch restaurant in het centrum met geweldige culinaire creaties, zoals een veganistische versie van het nationale gerecht *fish & chips*, een Buddha Bowl of veganistische nuggets die sterk op de kipversie van andere restaurants lijken. *15 Kenwyn Street | tel. 01872 271540 | thecornishve gan.com | €€*

OMGEVING TRURO

4 TRELISSICK GARDEN

8 km/12 min. Z van Truro (auto)

Deze tuin op een schiereiland aan de monding van de Fal biedt 12 ha aan natuurschoon met grandioos uitzicht. Dankzij het milde klimaat groeien hier ginkgo's, rododendrons, camelia's en nog veel meer. Talrijke planten zijn als dessin terug te vinden op het fraaie porselein dat de familie Copeland, ooit eigenaars van Trelissick, in haar fabriek produceerde. Ook hun statige woonhuis, nu beheerd door de National Trust, staat open voor bezoekers. *Dag. 10–17 uur (maart–okt. huis en tuin, nov.–feb. alleen tuin) | entree £13, parkeren £5 | Feock | nationaltrust.org.uk/trelissick | 2 uur | E10*

5 HEALEYS CORNISH CYDER FARM

10 km/15 min. NW van Truro (auto)

Cider is in Cornwall en Devon niet weg te denken. De mousserende appelwijn is in elke pub verkrijgbaar. De alcoholische drank wordt onder meer geproduceerd op Healeys Cornish Cyder Farm, waar bezoekers zeer aanschouwelijk krijgen uitgelegd hoe dat in zijn werk gaat. Aan het eind wacht een proeverij met de producten van de boerderij. Rondleidingen, onder meer per tractor, zijn er vanaf £5. *Dag. 9–17 uur | entree vanaf £8 | Penhallow | Truro | thecornishcyderfarm.co.uk | 1 uur | E9*

6 ST AGNES HERITAGE COAST

14 km/18 min. NW van Truro (over de A390/B3277)

Het mooie kleine, maar bovenal slaperige plaatsje St Agnes heeft zijn naam gegeven aan een heel stuk kust in het noorden van Cornwall. Hier stuit je op kliffen en ruige weides, eeuwenoude pubs en volop gelegenheid om te wandelen. Het pomphuis van *Wheal Coates (altijd toegankelijk | gratis entree | Beacon Drive | St Agnes | nationaltrust.org.uk/wheal-coates)* staat als monument aan de kust – alleen de muren en een schoorsteen zijn bewaard gebleven, maar vormen een geweldig fotomotief, vooral in de schemering. Wheal Coates dateert uit de tweede helft van de 19de eeuw, een tijd waarin de tinwinning in het hele gebied voor brood op de plank zorgde. Amper 100 jaar later gingen achter elkaar alle mijnen in Cornwall dicht. *D9*

FALMOUTH

(E10–11) **In de grootste natuurlijke haven van Cornwall draait alles nog altijd om het water.**

Van Falmouth (20.000 inw.) gaan veren naar St Mawes aan de overzijde. In het National Maritime Museum kom je veel te weten over de geschiedenis van de zeevaart. Maar ook het centrum is mooi met zijn stegen en huizen in *georgian* stijl. Aan de rand van de stad ligt een aantal idyllische stranden, die 's zomers hele drommen bezoekers trekken.

Pak je schepnet: jonge onderzoekers op het strand van Falmouth

SIGHTSEEING

NATIONAL MARITIME MUSEUM

In deze vestiging van het grote Londense scheepvaartmuseum kun je rondlopen op de replica van een Vikingschip, de onderwaterwereld verkennen en naar spannende verhalen van voormalige vissers luisteren. Van de uitkijktoren heb je perfect zicht over de haven. De zeevaart speelt al eeuwenlang een belangrijke rol in het dagelijks leven – hier ontdek je waarom. *Dag. 10–17 uur | entree £15,50 | Discovery Quay | nmmc.co.uk | 2 uur*

PENDENNIS CASTLE

Ca. 450 jaar geschiedenis: de oude burcht op een landtong aan de haven is op zich al een blikvanger – maar er zijn binnen ook nog tal van tentoonstellingen te bekijken, o.a. over de betekenis van de burcht in de Eerste Wereldoorlog en over het dagelijks leven in de victoriaanse tijd. *April–okt. dag., nov.–maart za/zo 10–16 uur | entree £11,60 | Castle Drive | englishheritage.org.uk | 1 uur*

ETEN & DRINKEN

FOUR

Toegegeven, de keuze in dit restaurant in het centrum van Falmouth mag dan niet zo groot zijn – maar is wel heel bijzonder. Je krijgt hier zowel vlees als vis, en het meeste kan zich meten met de cuisine van fijnproeverrestaurants in Londen en andere grote steden. *33 High Street | tel. 01326 21 81 38 | restaurantfour.co.uk | €€*

STRANDEN

In de plaats zelf ligt *Gyllyngvase Beach,* een mooi zandstrand van overzichtelijke grootte met uitzicht op glashelder water. Iets rustiger, maar ook minder mooi is *Swanpool Beach* verder naar het westen.

OMGEVING FALMOUTH

7 ROSELAND

10 min. met de veerboot vanaf Falmouth

Op de andere oever van de riviermonding Carrick Roads ligt het schiereiland Roseland met het slaperige vissersdorp St Mawes (850 inw.). Het lijkt een kleine kopie van Falmouth. Tussen de smalle huizen lopen steegjes die uitkomen op een vesting: *St Mawes Castle (april–okt. dag., nov.–maart za/zo 10–16 uur | entree £7 | Castle Drive | english-heritage.org.uk).* Roseland is een plek voor natuurliefhebbers, met groene heuvels en veel vogels. Ook vind je hier een van de mooiste vuurtorens van Engeland, *St Anthony Lighthouse*, waar je zelfs in een vakantiewoning kunt overnachten. *E10*

LIZARD

(D–E 11–12) **Op het schiereiland Lizard lijkt het landschap geschapen als achtergrond voor romantische verfilmingen, bijv. van de romans van Rosamunde Pilcher.**

De golven van de Atlantische Oceaan hebben de steile kliffen gevormd die deze 'uithoek' van Cornwall karakteriseren. Beneden aan het water vind je een reeks zandstranden die Zuid-Europees aandoen, daarboven een weids landschap van grasland, koeien en lieflijke dorpen. Wie hier enkel met de auto doorheen raast, weet niet wat hij mist.

SIGHTSEEING

KYNANCE COVE

Het groenbruine serpentijnsteen van deze mooie baai gloeit bij zonsondergang in helderrode tinten. Maar ook op andere momenten van de dag is deze plek een bezoek waard, bij voorkeur via het indrukwekkende kustwandelpad vanaf Lizard Point (3 km verderop). Je kijkt prachtig uit over de baai vanuit het *Kynance Café (alleen maart–okt. | Kynance Cove | kynancecovecafe.co.uk | €). nationaltrust.org.uk/kynance-cove*

LIZARD POINT ★

Het zuidelijkste punt van Engeland is een topbestemming voor wandelingen en trektochten in alle richtingen, maar met name langs de kust. Het witte *Lizard Lighthouse (Lizard Village | mei–okt. ma–do 11–17 uur | entree £8,50 | trinityhouse.co.uk)* is al van verre zichtbaar en de enige vuurtoren in Cornwall waar je nog helemaal naar boven kunt lopen.

Van *Bass Point (di, vr 19–21, zo, mei–sept. ook wo, juli/aug. ook do 13.30–16.30 uur | gratis entree | short.travel/cod14),* een korte wandeling naar het oosten, zond de Italiaan Guglielmo Marconi in 1900 de eerste radiosignalen over de Atlantische Oceaan uit. Het complex, bestaande uit onopvallende hutten, staat er nog steeds. Een van de twee hutten is door een erfgoedstichting verbouwd tot vakantiewoning *(Wireless Cottage | 1 kamer | tel. 0344 8002070 (*) | nationaltrustholidays.org.uk/holidays | €€).*

INSIDERTIP
Vakantie in een zendstation

ST KEVERNE

Zelfs als je weinig tijd hebt, moet je toch in elk geval een kijkje nemen in dit plaatsje (2100 inw.), een van de meest fotogenieke op het schiereiland Lizard: aan alle kanten van de

16de-eeuwse kerk strekt zich een mooie doolhof van huisjes en tal van palmen uit. Historisch speelt de plaats overigens een belangrijke rol: in St Keverne begon de Cornish Rebellion van 1497, waarbij de inwoners protesteerden tegen de belastingverhogingen van de koning. De opstand werd in de kiem gesmoord, maar een monument herinnert aan deze gebeurtenis.

Net buiten St Keverne heeft de boerderij *Roskilly's (Tregellast Barton Farm | School Hill | roskillys.co.uk)* zich toegelegd op één opvallende specialiteit: je kunt er echt Cornish ijs proeven, waarvan de bijzonder romige melk afkomstig is van jerseykoeien die hier worden gehoudem. Je mag ook gratis een kijkje op het terrein nemen.

INSIDERTIP
Coole verfrissing

ETEN & DRINKEN

ANN'S PASTIES

Deze kleine zaak is dé aangewezen plek om kennis te maken met de *Cornish pasty*. Ann Muller heeft de kunst van het pasteienbakken van haar moeder geleerd en deze vervolgens geperfectioneerd. Anns *pasties* zijn in het hele land bekend en vallen bijzonder in de smaak. Ze zijn verkrijgbaar met verschillende vullingen. Je kunt ze het best hier kopen, omlaag lopen naar Lizard Point en daar picknicken. *Sunny Corner | Beacon Terrace | anns pasties.co.uk* | €

POLPEOR CAFÉ

Je kunt hier de hele dag genieten van lekkers uiteenlopend van *scones* tot plateaus met zeevruchten. Toch wordt

Fijne zandstranden aan de steile kust zijn typisch voor het schiereiland Lizard

uitstekend eten in dit kleine, en – toegegeven – ietwat toeristische café op Lizard Point al snel bijzaak. Wat je écht bijblijft is het fantastische uitzicht. *Lizard Point | €*

SPORT & ONTSPANNING

FLAMBARDS EXPERIENCE

Gevarieerd plezier voor tussendoor: in dit kleine themapark bij Helston vind je niet alleen een draaimolen, een skytracker en gokarts, maar ook delen van het prototype van de Concorde, waaronder de cockpit. *April–okt. dag. 10–17, nov.–maart (alleen binnen) di–do 10–16 uur | entree £21,95, alleen binnenactiviteiten £9,95 | Clodgey Lane | Helston | flambards.co.uk*

OMGEVING LIZARD

8 PORTHLEVEN

22 km / 30 min. NW van Lizard Point (over de A3083)

Dit kleine havenplaatsje (3000 inw.) bij Helston is een populaire bestemming voor fotografen op zoek naar extreme golven. Vooral in de herfst en winter slaat het water vaak metershoog tegen de kust. Maar ook op andere momenten is Porthleven bezienswaardig. Aan de haven liggen kleine winkeltjes en cafés, waaronder *Amélie (Mount Pleasant Road | tel. 01326 65 36 53 | ameliesporthleven.co.uk | €€)* met *Cornish mussels* en friet met rozemarijn. Zin in een wandeling? Ten zuidoosten van Porthleven ligt *Penrose (nationaltrust.org.uk/penrose)*, een schilderachtig landschap met het grootste natuurlijke meer van Cornwall, het *Loe.* *D11*

9 POLDARK MINE

25 km / 25 min. N van Lizard Point (over de A3083)

De Poldark Mine is de enige ondergrondse tinmijn in Cornwall die nog geheel toegankelijk is. Tijdens de interessante rondleiding krijg je een goede indruk hoe zwaar de arbeid onder de grond moet zijn geweest. *April–okt. dag., nov.–maart di, do, za 10.30–15 uur | entree museum £7, met rondleiding £20 resp. £27 | Trenear | Wendron | poldarkmine.org.uk | 2 uur | D11*

10 GODOLPHIN

20 km / 30 min. N van Lizard Point (auto)

Met zijn sombere natuurstenen gevel en rechthoekige kantelen ziet dit herenhuis uit de tudortijd eruit als een tamelijk laag uitgevallen burcht. Maar dit is maar een deel van het geheel. Tot ver in de 20ste eeuw werd er op het terrein nog mijnbouw bedreven. Tegenwoordig is vooral de tuin nogal overwoekerd, hier groeien zuidelijke planten en veel fruitbomen. Aan het zuidwestelijke uiteinde reikt het zicht tot aan de baai van St Ives en het getijdeneiland St Michael's Mount. *Jan.–okt. dag. 10–17, nov./dec. 10–16 uur (huis alleen op sommige dagen juni–okt.) | entree £11 | Godolphin Cross | Helston | nationaltrust.org.uk/godolphin | 1 ½ uur | C11*

PENZANCE

(🕮 B11) **De geur van vis en de zee hangt in Penzance (21.000 inw.) in de lucht.**

Deze stad heeft zijn reputatie als – eerder ruige dan schilderachtige – vissersplaats weten te behouden. Bovendien trekken hier nog steeds hele scholen sardientjes voorbij. Het aangrenzende Newlyn is nog altijd een van de belangrijkste vissershavens van Groot-Brittannië. Voor deze achterste punt van Cornwall is Penzance zoiets als het centrum. Al zal de stad waarschijnlijk nooit een prijs voor de mooiste plaats van Groot-Brittannië winnen, hij heeft toch een heel eigen charme. De centrale winkelstraat is Market Jew Street, met aan het einde het 19de-eeuwse *Market Building*, bekroond met een koepel.

SIGHTSEEING

NEWLYN ART GALLERY ☂

Bijna onvoorstelbaar dat deze rustige vissersplaats ooit schilders uit de hele wereld aantrok. De *Newlyn School of Arts* was een laat-impressionistische kunstenaarskolonie. In deze galerie zijn enkele werken uit die tijd te zien. Je kunt in Penzance ook een dependance bezoeken in *The Exchange. Di–za, 's zomers ook ma 10–17 uur | entree £7 (voor beide galeries) | New Road | Newlyn | newlynartgallery.co.uk*

TRENGWAINTON GARDEN

In deze tuin groeien veel gewassen die eigenlijk niet op de Britse eilanden thuishoren, waaronder magnolia's en camelia's. Reizende hoveniers hebben planten uit India en andere landen naar Cornwall meegenomen en ze in deze tuin geïntegreerd. Vooral 's zomers is het een feest van kleuren! *Feb.-okt. zo–do 10–17 uur | entree £11 | Madron | nationaltrust.org.uk/trengwainton-garden | ⏲ 2 uur*

ETEN & DRINKEN

MACKEREL SKY SEAFOOD BAR

In deze superchique kleine bistro belandt de vis vers uit zee en zonder poespas klaargemaakt op je bord – bijvoorbeeld in de vorm van een sandwich met krab, een filet of de altijd lekkere sardientjes. Maar je kunt hier ook binnenwippen voor een al even kundig gemaakte caffè latte. *Alleen maart–okt. | The Bridge | New Road | Newlyn | tel. 01736 44 89 82 | mackerelskycafe.co.uk | €*

SPORT & ONTSPANNING

JUBILEE POOL

Direct aan de haven werd in 1935 een buitenzwembad in art-decostijl gebouwd. In 2015 heeft men het geheel gerenoveerd, omgetoverd in een modern plezierbad en steeds verder uitgebreid. Tot slot zijn nog een geothermisch bad en een café toegevoegd. Er wacht je bovendien niet alleen een groot zeewaterzwembad, maar ook een perfect uitzicht op het eiland St Michael's Mount en het kunstenaarsdorp Newlyn. *Mei–sept. dag. 10.30–18 uur | entree £6 | Promenade | jubileepool.co.uk*

St Michael's Mount: doet dat niet denken aan de Mont-Saint-Michel in Frankrijk?

OMGEVING PENZANCE

11 ST MICHAEL'S MOUNT ★

6 km / 10 min. O van Penzance (via Long Rock Bypass/A30)

Vooral bij zonsopkomst en zonsondergang biedt het fraaie getijdeneiland St Michael's Mount net zo'n romantische aanblik als de Mont-Saint-Michel in Frankrijk. De gelijkenis tussen deze twee is geen toeval: koning Edward I schonk het eiland in de 11de eeuw aan benedictijner monniken uit Normandië, die hier een klooster bouwden. St Michael's Mount is bij eb te voet en bij vloed per boot bereikbaar. *Maart–okt. zo–vr 9.30–17, nov./dec. en feb. di, vr 10.30–16 uur | entree £15, incl. tuin £26 | Marazion | stmichaelsmount.co.uk | 2 uur | C11*

12 PORTHCURNO

15 km / 24 min. ZW van Penzance (auto)

Dit mooie stuk kust met een prachtig zandstrand dankt zijn bebouwing met name aan de telecommunicatie. Een tijdlang kwamen hier tot wel 14 zeekabels uit de Verenigde Staten, India en grote delen van Europa samen. Museum *PK Porthcurno (april–okt. dag. 10–17, nov.–maart dag. 11–15.30 uur | entree £10 | Eastern House | pkporthcurno.com | 1 uur)* vertelt daarover. Hier kun je tegenwoordig ook lang geheimgehouden tunnels bezichtigen, die in

INSIDERTIP
Top secret!

De golven als decor: Minack Theatre is als openluchttheater een klasse apart

1941 uit angst voor aanvallen in de rotsen zijn aangelegd. Indrukwekkend is het nabije ★ *Minack Theatre (maart–sept. dag. 9.30–17, okt.–feb. za–wo 10–15.30 uur | entree met rondleiding £8 | opvoeringen 's zomers onregelmatig | Porthcurno Coast | minack.com)*: het werd in 1934 op een vooruitstekende rots gebouwd en is het beroemdste openluchttheater van Groot-Brittannië. *B11*

13 LAND'S END

15 km / 22 min. W van Penzance (auto)

Het westelijkste punt van Engeland speelt handig in op zijn *unique selling point*. Je vindt er het zogeheten *'first refreshment house'* en de 'laatste pub' van het land, en ook een bonte tentoonstelling, die vooral op kinderen is gericht. Veel toeristische drukte dus, maar wel een prachtige steile kust. Je kunt het best maar meteen het kustpad gaan verkennen. Zo'n 4 km verderop langs de kust vind je *Sennen Cove*, waar zich de *Whitsand Bay* uitstrekt, een van de mooiste stranden van Cornwall. *Sennen | landsend-landmark.co.uk | A11*

14 GEEVOR TIN MINE

12 km / 15 min. NW van Penzance (over de A3071/B3318)

Als je een duik in het mijnbouwverleden van Cornwall wilt nemen, dan is dit de aangewezen plek: in de Geevor Tin Mine kun je door oude tunnels rijden en in het museum veel te weten komen over het zware werk onder de grond. Devon en Cornwall leefden eeuwenlang van de mijnbouw: hier werden tin en koper, en op kleinere schaal ook zilver en zink gewonnen. Ruim 4000 jaar geleden moeten hier al ertsen zijn gedolven. In de Geevor Tin Mine werd tussen 1911 en 1990 tin geproduceerd. *April-okt. zo-do 9-17, nov.-maart 10-16 uur | mijnritten 's zomers vanaf 10 uur | entree £17,70 | Penwith Heritage Coast | Pendeen | geevor.com | 2 uur | B10*

15 LEVANT MINE

12 km/15 min. NW van Penzance (via de A3071/B3318)

Niet ver van de Geevor Tin Mine ligt nog een voormalige mijn. Van de Levant Mine zijn nog enkele gebouwen en de ruïne van het pomphuis bewaard gebleven. Bovendien heeft men speciaal voor bezoekers een 100 jaar oude balansstoommachine weer in gebruik genomen. In de mijn vond in 1919 een ernstig ongeluk plaats, waarbij 31 mijnwerkers bedolven raakten; men heeft daarna een deel van de mijn opgegeven. *Feb. ma, wo 10.30-15, maart-okt. zo-do 10.30- 16.30 uur | entree £10 | Trewellard | Pendeen | short.travel/cod16 | 1 uur | B10*

ISLES OF SCILLY

(A-B 9-10) **De ★ Isles of Scilly behoren tot de minst bekende delen van Engeland, wat ze extra interessant maakt.**

De eilandgroep (2200 inw.) ligt ten zuidwesten van Land's End en is zo afgescheiden van de rest van de Britse eilanden dat de bewoners een soort eigen wereld hebben ontwikkeld. Het water is er even kristalhelder als in de Stille Zuidzee, overal groeien exotische planten – en ook de zon schijnt er relatief vaak. De eilanden bieden zo'n beetje alles wat je je maar kunt wensen voor een ontspannen vakantie. Wat je er – gelukkig – níét vindt is een hectische drukte. De eilanden zijn per vliegtuig te bereiken vanaf Exeter *(alleen maart-okt.)*, Newquay en Land's End *(enkeltje vanaf £100)*, per boot vanaf Penzance *(maart-okt. | enkeltje £78,75)*. Er worden ook dagtochten *(retour vanaf £35)* aangeboden, per boot, per vliegtuig en als een combinatie van beide.

INSIDERTIP
Een dag in het paradijs

SIGHTSEEING

ST MARY'S

Het grootste eiland van de Isles of Scilly is tegelijk ook het dichtstbevolkte (1800 inw.). In de kleine hoofdstad *Hugh Town* vind je o.a. winkels, banken, restaurants en een fietsverhuurder. Een goede eerste kennismaking vormen de bustochten van *Island Rover (ma-za 10.15, 13.30 uur | £10 | Lower Strand | tel. 01720 42 21 31 | islandrover.co.uk)*. De *Boatsmen Association (vanaf £13 retour | Rose Cottage | The Strand | tel. 01720 42 39 99 | scillyboating.co.uk)* biedt aan de haven dagelijks wisselende verbindingen naar de andere eilanden aan.

ST AGNES

Het laatste bastion van Engeland in de Atlantische Oceaan: niet Land's End, maar St Agnes vormt het échte westelijkste puntje van Groot-Brittannië. En het is beslist de moeite waard om helemaal hierheen te reizen: de stranden zijn dromerig wit en de groene, ruige natuur nodigt uit tot een korte wandeling. In St Agnes vind je bovendien een van de kleinste boerderijen van Engeland, die een specialiteit maakt: *Troytown Farm (troytown.co.uk)* produceert met slechts negen jerseykoeien verrukkelijk ijs, *clotted cream* en boter.

INSIDERTIP
IJstijd op een 'eiland in de Stille Zuidzee'

TRESCO

Op dit autovrije buureiland van St Mary's kun je op het strand de dagelijkse sleur vergeten – al was het maar omdat je er vrijwel nooit door iemand wordt gestoord – en in de dromerige *Tresco Abbey Garden (dag. 10–16 uur | entree £18 | tresco.co.uk)* planten van over de hele wereld ontdekken. Ze komen uit landen als Brazilië, Nieuw-Zeeland en Zuid-Afrika en doen iedere liefhebber van bijzondere vegetatie versteld staan. Al even indrukwekkend is het *Valhalla Museum* ernaast. De tentoongestelde boegbeelden geven je een goede indruk van de verwoestende zee rond de eilanden – ze zijn stuk voor stuk afkomstig van gezonken schepen.

BRYHER

Dit kleine, ruige eiland is bij eb te voet bereikbaar vanaf Tresco. Bryher biedt volop mogelijkheden om te wandelen en te snorkelen, aangezien het water hier rustiger is dan op de andere eilanden. En omdat je zo lekker actief bent, kun je je met gerust hart te goed doen aan een delicatesse van het eiland: zelfgemaakte *fudge,* met lekkere caramelsmaak, van de farm van Kris en Geoff Taylor *(Veronica Farm | veronicafarmfudge.co.uk).*

INSIDERTIP
Wat een sweeties!

ETEN & DRINKEN

FRAGGLE ROCK BAR

De ramen bieden zicht op de schilderachtige haven, maar het mooist zit je buiten in de zon. Deze bescheiden ogende pub serveert moderne Britse gerechten met veel lokale producten. Zelfs hun wijn komt uit Cornwall, en veel andere producten zijn van de Isles of Scilly zelf. *Harbour View | Bryher | tel. 01720 42 22 22 | bryher.co | €*

JULIET'S GARDEN

Trek vooral ruim tijd uit voor dit restaurant iets buiten Hugh Town – alleen al om de heerlijke snacks en taarten die je hier geserveerd krijgt. Onder het smullen kun je van het fraaie uitzicht op de baai van Hugh Town genieten. *Seaway | Porthlow | St Mary's | tel. 01720 42 22 28 | julietsgardenrestaurant.co.uk | €€€*

SPORT & ONTSPANNING

De Isles of Scilly zijn een perfecte plek om te snorkelen en te duiken – niet alleen vanwege het glasheldere wa-

St Ives ligt in zijn baai alsof het geschapen is voor een zomerse dag

ter, maar ook omdat er rond de eilanden zo'n 900 scheepswrakken liggen. Een van de aanbieders van snorkeltrips is *Scilly Seal Snorkelling (£49 | St Martin's | tel. 01720 42 28 48 | scillysealsnorkelling.com).* Op alle eilanden kun je heerlijk wandelen omdat er geen grote hoogteverschillen zijn, vormt dit geen bovenmatige inspanning. Ook vind je hier fijne zandstranden om te zonnebaden.

ST IVES

(📖 C10) **Ideaal voor creatieve geesten: St Ives (11.000 inw.) is de kunstenaarshotspot van Cornwall.**
Je vindt hier maar liefst vier stranden, met kristalhelder water, bekoorlijke rijtjeshuizen, veel boten in de haven en dankzij het vaak goede weer louter opgewekte mensen. Een fantastisch uitzicht op St Ives heb je vanaf de landtong *The Island.* Halverwege de 19de eeuw kwamen er steeds meer kunstenaars naar deze mooie omgeving, te beginnen met William Turner, van wie velen een galerie openden. De mooiste manier om hier te komen is met de *The St Ives Bay Line (dag. | retour vanaf £4 | greatscenicrailways.co.uk)*, want deze biedt een perfect uitzicht op de baai. De trein verbindt St Erth en St Ives langs de kust.

SIGHTSEEING

TATE ST IVES ★ ☂

Je zou bijna denken dat dit kleine filiaal van de grote Tate Gallery in Londen

Lekker uitwaaien: neem een pauze in het Porthmeor Beach Café in St Ives

hier per vergissing staat: midden in het rustige Cornwall is kun je een van de spannendste kunstmusea van het hele land bezoeken.
Direct aan Porthmeor Beach zijn hier en in een moderne aanbouw tentoonstellingen van hedendaagse kunst met uiteenlopende thema's te zien – met bijvoorbeeld werk van Barbara Hepworth, Ben Nicholson en Paule Vézelay. Er wordt bovendien veel aandacht besteed aan schilderijen en beeldhouwwerken van minder bekende kunstenaars die met St Ives verbonden zijn. Naast kunst kun je van hieruit ook het fantastische uitzicht op St Ives en het strand bewonderen! *Maart–okt. dag. 10–17.20, nov.–feb. di–zo 10–16.20 uur | entree £10,50 | Porthmeor Beach | tate.org.uk/visit/tate-st-ives | 2–3 uur*

PORTHMEOR STUDIOS

Veel van wat er in St Ives in de galeries hangt, is hier ontstaan. De ateliers aan het strand, vroeger vissershutten, zijn al bijna 150 jaar in handen van kunstenaars. Door de lichtinval en het uitzicht op zee zijn deze ruimtes ideale inspiratiebronnen. Als je een kijkje wilt nemen, stuit je bijna altijd wel op een kunstenaar, maar er worden ook regelmatig open dagen gehouden. *Back Road | bsjwtrust.co.uk*

BARBARA HEPWORTH MUSEUM

Het voormalige huis van beeldhouwster Barbara Hepworth midden in het oude centrum is nu een museum. Je kom er meer te weten over haar leven en werk en kunt in de mooie tuin een aantal van haar sculpturen bekijken. *Di–zo 10–16.20 uur | entree £8 | Barnoon Hill | tate.org.uk | 1 uur*

ETEN & DRINKEN

THE BEAN INN

Dit kleine vegetarische restaurant serveert ook vegan gerechten, waaronder pasta, groentetaarten en soepen. Het maakt deel uit van een pension, maar wordt ook door veel niet-gasten bezocht. *St Ives Road | tel. 01736 79 59 18 | thebeaninn.co.uk | €€*

PORTHMEOR BEACH CAFÉ

INSIDERTIP
Strand in zicht

Je vindt niet snel een mooiere plek om te eten of koffie te drinken: pal aan het strand en bijna elke zitplaats biedt adembenemend uitzicht op zee. Je krijgt er kleine gerechtjes – van tapas en vis tot *cream tea* – en heerlijke drankjes. De ingrediënten zijn – zo mogelijk – afkomstig van lokale producenten. *Porthmeor Beach | tel. 01736 79 33 66 | porthmeor-beach.co.uk | €€€*

SHOPPEN

De meeste winkels vind je in *Fore Street*. Je vindt er talloze galeries, waar je niet alleen schilderijen kunt krijgen, maar bijv. ook reproducties in ansichtkaartvorm. Hier spullen van inferieure kwaliteit uit het Verre Oosten kopen, zou zonde zijn. Nog een tip: de shop in het Tate St Ives met o.a. boeken en reproducties, die bezoekers uit het hele land trekt.

SPORT & ONTSPANNING

Watersport – vooral surfen – is op bijna alle stranden mogelijk. Op Porthmeor Beach biedt de *St Ives Surf School (stivessurfschool.co.uk)* cursussen surfen, kajakken en coasteering *(vanaf £45)* aan. *Roam (roamcornwall.com)* doet dit aan de andere kant in Carbis Bay (bijna 2 km naar het oosten).

STRANDEN

Aan weerszijden van de oude stad vind je geweldige stranden: *Porthgwidden Beach, Harbour Beach* – en *Porthmeor Beach*, even fantastisch als centraal. Met de huizen van St Ives op de achtergrond liggen de mensen er op het witte zand en surfen ze op de golven van het heldere water. Wie meer rust zoekt, rijdt naar *Carbis Bay* – ook fijn om te surfen.

NEWQUAY

(E8) **Van een surfersparadijs moet je niet al te veel verwachten – behalve natuurlijk hoge golven en een perfect strand.**

Newquay (20.000 inw.) vormt daarop geen uitzondering: de kleine stad met zijn voetgangerszone is niet bepaald de schilderachtigste plaats in de omgeving. Maar de lange zandstranden zijn wél een plaatje! Je kunt het best ruim de tijd nemen om relaxed een middag over het strand te wandelen – en natuurlijk in zee te zwemmen. 's Zomers wordt het er levendiger, als hordes backpackers hierheen trekken en Newquay in een Britse versie van een *surfers' paradise* verandert.

SIGHTSEEING

NEWQUAY ZOO

Deze dierentuin, die al herhaaldelijk een prijs voor duurzaam toerisme heeft gekregen, houdt zich vooral bezig met het fokken van zeldzame diersoorten. Daarvan zijn er ca. 130 te zien, waaronder leeuwen, apen en pinguïns. *April–okt. dag. 10–17, nov.–maart 10–16 uur | entree £14,85, gezin £46,75 | Trenance Gardens | newquayzoo.org.uk | 3 uur*

ETEN & DRINKEN

THE BEACH HUT

In de 'strandhut' van het Watergate Bay Hotel klopt gewoonweg alles: voortreffelijk eten – zoals burgers (ook vegetarisch) en linguine met krab, een uniek uitzicht op zee en een verfijnde maar ontspannen sfeer. *On the Beach | Watergate Bay | tel. 01637 860543 | watergatebay.co.uk/eat/the-beach-hut | €€*

THE GRIFFIN INN

Deze pub in de buurt van het station lijkt op het eerste gezicht misschien wat rustiek, maar uit de keuken komen heerlijke pubgerechten, zoals *fish & chips* en burgers. Een *pint* lokaal bier hoort daar natuurlijk ook bij. *Cliff Road | tel. 01637 87 40 67 | griffin-inn-newquay.co.uk | €*

SPORT & ONTSPANNING

De populairste plekken om te surfen en voor andere watersporten zijn *Fistral Beach* en de iets verderop gelegen *Watergate Bay*. Voor verhuur van surfplanken en lessen kun je terecht bij *Wave Hunters (Watergate Bay | tel. 079 39 99 82 13 | wavehunters.co.uk)*.

FREEDIVE UK

INSIDERTIP Sprookjesachtig

De trendsport *mermaid diving* biedt de gelegenheid om als Ariël de zeemeermin door het water te glijden. Sinds de duikschool deze methode voor het eerst aanbood, is er een ware hype ontstaan (snel volgeboekt!). *Cursus van één dag £150 p.p. | tel. 01637 62 19 22 | freediveuk.com*

LEISURE WORLD

Ideaal bij regenachtig weer en een veel te koude zee: in dit pretbad kunnen kinderen in deels 30°C warm water zwemmen, van glijbanen roetsjen en zich door fonteinen laten natspuiten. Voor grotere bezoekers is er ook een 25 m-baan. *Ma–vr 6.30–21, za 7–17.30, zo 8–17 uur | entree £6,50, kind £4,50 | Trenance Leisure Park*

STRANDEN

De ★ stranden van Newquay zijn een lust voor het oog. Dat begint al in het centrum, waar zich bij *Great Western Beach* een fantastisch zandstrand langs de steile kust uitstrekt. Even verderop ligt *Watergate Bay* met een strand als in een film – breed, fijnzandig, incl. surfplankverhuur en een prima gastronomie.

WELLNESS

WATERGATE BAY HOTEL

In dit supermoderne spahotel kun je op een perfecte locatie ontspannen, direct aan het strand, met een infinitypool en alles erop en eraan. Bij de *dagpas (£110)* is een behandeling van 60 minuten inbegrepen. *Tel. 016 37 86 05 43 | watergatebay.co.uk*

OMGEVING NEWQUAY

16 TRERICE

5 km / 12 min. ZO van Newquay (auto)

Ook in Newquay komen regendagen voor. Dan loont een bezoek aan dit mooie elizabethaanse landhuis aan de rand van de stad. Vooral de vele Nederlands aandoende elementen zullen je opvallen, waaronder de 'grachtenpand-achtige' gevels – een herinnering van de bouwer aan zijn verblijf in Nederland. Binnen is alles ingericht in fraaie tudorstijl. Als je na zoveel geschiedenis trek krijgt, ga dan naar het *Barn Restaurant (€)*, gevestigd in een voormalige schuur en befaamd om zijn citroentaart. *Maart–okt. dag. 11–17 uur | entree £11 | Kestle Mill | nationaltrust.org.uk/trerice | 1 ½ uur | E8*

17 LAPPA VALLEY STEAM RAILWAY

7 km / 15 min. Z van Newquay (auto)

Deze 3 km lange spoorlijn werd oorspronkelijk voor een mijn aangelegd en is nu een attractie met stoomlocomotieven. Er ligt een park omheen waar je ook kunt kanoën. *April–okt. dag. 9.30–17, nov. en feb./maart za/zo 11.10–16.15 uur | ticket £15,95 ('s winters £8), gezin £55,50 | Benny Halt | St Newlyn East bij Newquay | lappavalley.co.uk | E9*

18 BEDRUTHAN STEPS

13 km / 25 min. N van Newquay (auto)

Vlak bij Newquay vind je een van de spectaculairste rotslandschappen van Cornwall. Van de steile kust rijzen afzonderlijke rotsen uit het zand op, die samen een soort trap vormen. Volgens de legende zou de reus Bedruthan ze als treden hebben gebruikt. Het wandelpad langs de kust loopt hier vlak langs. *St Eval | Bedruthan | short.travel/cod15 | E7*

Newquay is populair bij surfers – inclusief de uitspanningen met uitzicht op het strand

OOST-CORNWALL

CORNWALLS RUIGE KANT

In het oosten vind je het mystieke Cornwall: je ziet ruïnes en prehistorische overblijfselen, en op sommige plekken zweeft er over alles een 'zweem' van koning Arthur. In Tintagel zou hij geboren zijn, wat natuurlijk maar een legende is, maar een hele regio leeft ervan.

Kleine, dromerige dorpjes liggen verspreid over het groene, deels ruige platteland. In de verborgen havens langs de kust lijkt de tijd te hebben stilgestaan. Dat heeft een belangrijke oorzaak: veel van

Het oude havenstadje Port Isaac ligt als een juweeltje aan de kust

deze havens zijn in eerste instantie ontwikkeld voor de handel in grondstoffen, maar die vindt hier intussen allang niet meer plaats. De lokale bevolking heeft er het beste van gemaakt: vandaag de dag wordt de kost voornamelijk verdiend met pittoreske, authentieke restaurants, piepkleine winkeltjes en gezellige, sfeervolle hotels, waar de standaard misschien niet altijd zo hoog is als je in de grote steden gewend bent – maar het fraaie uitzicht op zee maakt dat doorgaans ruimschoots goed.

OOST-CORNWALL

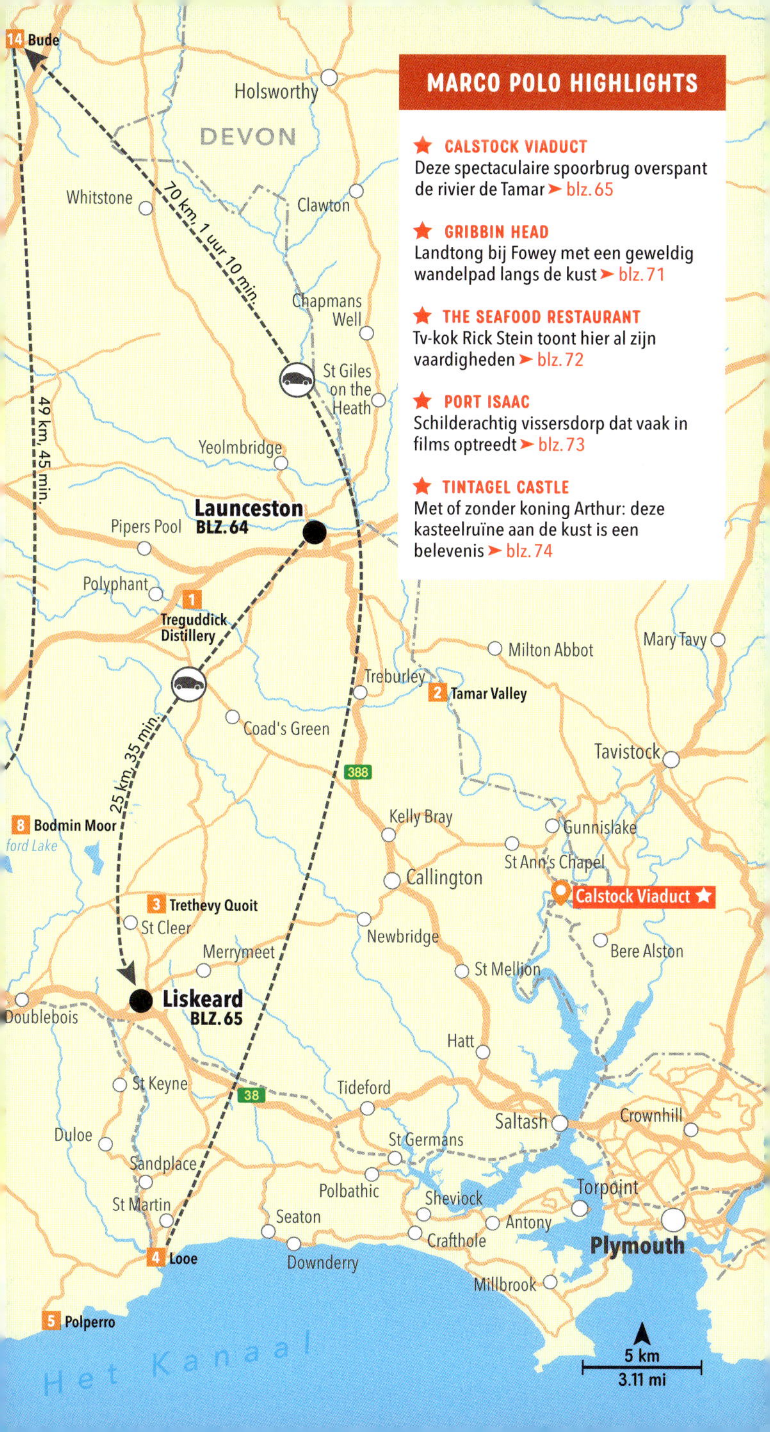

MARCO POLO HIGHLIGHTS

★ **CALSTOCK VIADUCT**
Deze spectaculaire spoorbrug overspant de rivier de Tamar ➤ blz. 65

★ **GRIBBIN HEAD**
Landtong bij Fowey met een geweldig wandelpad langs de kust ➤ blz. 71

★ **THE SEAFOOD RESTAURANT**
Tv-kok Rick Stein toont hier al zijn vaardigheden ➤ blz. 72

★ **PORT ISAAC**
Schilderachtig vissersdorp dat vaak in films optreedt ➤ blz. 73

★ **TINTAGEL CASTLE**
Met of zonder koning Arthur: deze kasteelruïne aan de kust is een belevenis ➤ blz. 74

LAUNCESTON

(🕮 J6) **Zijn trotse uitstraling dankt deze stad mede aan de kasteelruïne die boven alles uittorent. Launceston (11.700 inw.) ziet eruit als het centrum van iets heel groots, en dat heeft een reden.**
Launceston was tot de 19de eeuw de hoofdstad van Cornwall. Tegenwoordig is het een leuk stadje met mooie winkels en goed onderhouden gebouwen. De winkelstraatjes rond High Street, Broad Street en Church Street lenen zich perfect voor een aangename wandeling.

SIGHTSEEING

LAUNCESTON CASTLE

Volgens sommigen symboliseert deze hoog boven de plaats gelegen kasteelruïne uit de 11de eeuw het verval dat het Britse koningshuis geruime tijd leek door te maken. Uitgerekend hier werd kroonprins Charles in 1973 tot Duke of Cornwall benoemd, in 2022 opgevolgd door zijn zoon William. Binnen valt niet echt veel te zien, maar van boven heb je een mooi panoramisch uitzicht. *April–okt. dag. 10–17 uur | entree £6,80 | Castle Lodge | english-heritage.org.uk |* ⏲ *1 uur*

LAWRENCE HOUSE

Cool museum waar je bijv. een oude penny krijgt om in de 19de-eeuwse jukebox te gooien! Een van de 50 melodieën waaruit je kunt kiezen is 'God save the king'. En wat heeft Lawrence in Cornwall met Lawrence in Australië te maken? Dat ontdek je hier – de gelijknamige stad in Tasmanië is genoemd naar de eerste groep Britse gevangenen die naar Down Under werden verbannen. *April–okt. ma–vr 10.30–16.30 uur | gratis entree | 9 Castle Street | nationaltrust.org.uk/lawrence-house |* ⏲ *1 uur*

ETEN & DRINKEN

KING'S HEAD

In dit etablissement kun je het hele scala aan Brits pubfood krijgen, uiteenlopend van *Sunday roast* tot *fish & chips*. En natuurlijk de juiste *ale* erbij. *Five Lanes | tel. 01566 86241 | kingsheadlaunceston.co.uk | €€*

LIBERTY COFFEE

Moe geworden van al het sightseeën? Dit café is ideaal voor een welverdiende pauze. Je kunt er genieten van lekkere taarten, kleine snacks en vooral ook van perfect klaargemaakte koffie op basis van espressobonen. *4 Northgate Street | tel. 01566 776751 | liberty-coffee.co.uk | €*

SPORT & ONTSPANNING

HIDDEN VALLEY – THE PUZZLE PARK

In dit bijzondere park valt van alles te ontdekken: kinderen lossen in de voetsporen van Sherlock Holmes raadsels op, zoeken de uitgang van een doolhof, vinden geheime deuren en maken een ritje op een kleine spoorbaan. *April–sept. dag. 10–17 uur | entree £17, kind £16 | Tredidon | St Thomas | hiddenvalley.co.uk*

OMGEVING LAUNCESTON

1 TREGUDDICK DISTILLERY

6 km / 7 min. W van Launceston (auto)

Een van de nieuwere distilleerderijen van Engeland heeft zich op het oude landgoed van Treguddick gevestigd. Hier worden onder plastic koepels 70 verschillende soorten planten gekweekt, die voornamelijk voor de vervaardiging van de eigen gin worden gebruikt. Je kunt een rondleiding door het bedrijf krijgen – en ook gin proeven. *Dag. 9.30–17 uur, rondleidingen 10.30 en 14.30 uur | Treguddick | treguddick.com | J6*

2 TAMAR VALLEY

35 km / 30 min. Z van Launceston (auto)

Het dal van de rivier die over grote afstanden de grens tussen Cornwall en Devon markeert, is een van de mooiste wandel- en fietsgebieden in dit deel van Engeland. Vroeger leefde de Tamar Valley vooral van de mijnbouw, maar tegenwoordig speelt dagtoerisme een belangrijke rol. Een geweldig foto-onderwerp is het ★ *Calstock Viaduct* nabij de gelijknamige plaats: de door hoge bogen ondersteunde spoorbrug overspant de rivier over een afstand van bijna 37 m. Bij de *Treesurfers (april–okt. | reserveren noodzakelijk | Tamar Trails Centre | Woodlands | Gulworthy | tel. 01822 83 34 09 | treesurfers.co.uk)* kun je o.a. aan een zipline zweven of kijken hoe goed je in boogschieten bent. *K7*

Bij een uitstapje naar Tamar Valley kom je tot aan Calstock Viaduct

LISKEARD

(J8) **Liskeard (9000 inw.) is misschien niet de mooiste plaats van Cornwall, maar wel zeer authentiek.** De klokkentoren van de *Guildhall* steekt boven alles uit en ervoor rijgen zich huizen in *georgian* en victoriaanse stijl aaneen. De nabije kopermijnen leverden Liskeard welvaart op. Tegenwoordig fungeert de plaats min of meer als zakencentrum, waar nog steeds om de week op dinsdag een *veemarkt (2 Fairpark Road)* wordt gehouden. Idyllisch is het *Liskeard and Looe Union Canal,* dat in de 19de eeuw voor de mijnbouw werd aangelegd, maar al in 1910 buiten gebruik werd gesteld. Nu trekt het wandelaars aan naar de deels vergane sluizen.

Dromen van avonturen: Polperro was vroeger een smokkelaarsoord

SIGHTSEEING

STUART HOUSE

Sommige bezoekers komen hier alleen vanwege de kleine, verborgen tuin. Maar binnen kun je veel leren over de geschiedenis van deze plek. Charles I gebruikte het huis in 1644 toen hij zijn troepen klaarstoomde voor de strijd in de Engelse Burgeroorlog. Een tentoonstelling vertelt over deze tijd en een galerie toont kunst uit de omgeving. *Ma–za 10–15.30 uur | gratis entree | Barras Street | stuarthouse.org.uk | 1 uur*

ETEN & DRINKEN

HUB CAFÉ

Perfect voor een lekkere lunch. Dit café is gevestigd in een gemeenschapscentrum en serveert uitsluitend vegetarische en veganistische gerechten – vooral quiches en salades uit eigen keuken. *Liskerrett Community Centre | Varley Lane | tel. 01579 34 03 07 | liskerrett.co.uk/cafe | €*

LISKEARD TAVERN

Een nieuw pubrestaurant, zoals er overal in het land zijn geopend, iets buiten het centrum. Hier zit je gezellig en kun je je een weg eten door de standaard van de Britse keuken. *Haviland Road | tel. 01579 34 17 52 | whitbreadinns.co.uk | €€*

SPORT & ONTSPANNING

ADRENALIN QUARRY

Spring van een 50 m hoge klip af en rol aan een touw met 60 km/u 500 m langs de afgrond omlaag – dit park is perfect voor adrenalinekicks. Je moet een beetje lef hebben, maar wordt zorgvuldig gezekerd. *April–sept. dag. 10–18, okt.–maart za/zo 10–16 uur | Lower Clicker Road | Menheniot bij Liskeard | activiteiten vanaf £12 | adrenalinquarry.co.uk*

OMGEVING LISKEARD

3 TRETHEVY QUOIT

5 km / 12 min. N van Liskeard (auto)

Deze ca. 5500 jaar oude dolmen, een tafelvormig grafmonument, staat ook bekend als *Giant's House*, het 'huis van de reus'. Een 2,70 m hoge deksteen wordt door vijf andere stenen gedragen. Niet zo monumentaal als Stonehenge, maar toch ook indrukwekkend. *Altijd toegankelijk | gratis entree | B3254 bij Darite | english-heritage.org.uk |* *J7*

4 LOOE

14 km / 20 min. Z van Liskeard (auto)

Deze havenstad (5300 inw.) aan de zuidkust van Cornwall ligt stijlvol aan weerszijden van de rivier de Looe en biedt verrassend veel winkelmogelijkheden. Met de *Looe Valley Line (per rit £4,30, dagkaarten vanaf £4,60 | gwr.com)* reis je per trein door een schitterend landschap naar Looe. Van het pension *Harbour Moon (Quayside)* heb je een goed uitzicht op de rivier – en dat onder het genot van een vers getapt biertje of een glas cider. *J9*

INSIDERTIP
Treinrit met uitzicht

5 POLPERRO

22 km / 30 min. Z van Liskeard (over de B3254)

Hoe Polperro (5300 inw.) ooit een smokkelaarsparadijs werd, ontdek je in het aan de haven gelegen *Museum of Smuggling & Fishing (april–okt. dag. 10.30–16.30 uur | entree £3 | Harbour Studio | The Warren)*. Het plaatsje ziet er nog altijd uit als een typische vissershaven, maar visserij is hier inmiddels allang bijzaak. Tegenwoordig draait alles om het toerisme. In het *Polperro Model Village (april–okt. dag. 10–18 uur | entree £3, kind £1 | The Old Forge | Mill Hill | polperromodelvillage.com | 2 uur)* heeft men het dorp geheel in miniatuur nagebouwd. Kinderen kunnen er spelenderwijs veel over de geschiedenis leren. *H9*

BODMIN

(G8) **Het centraal gelegen Bodmin (15.000 inw.) geldt als typisch Cornish stadje.**

Het stadje aan de rand van Bodmin Moor met zijn uit graniet opgetrokken huizen en winkels langs Fore Street is het middelpunt van de regio. Hier komen de omwonenden om te winkelen, zaken te doen en aan het eind van de werkdag in de pubs een biertje te drinken. In de 19de eeuw was Bodmin korte tijd de hoofdstad van Cornwall – wat de vele grote gebouwen verklaart

Bodmin Moor: ook Daphne du Maurier dwaalde hier rond

die tot op de dag van vandaag bewaard zijn gebleven.

SIGHTSEEING

BODMIN JAIL

De oude gevangenis is nu een toeristische attractie. Tijdens je ontdekkingstocht kom je meer te weten over de geschiedenis van beulen en gevangenen – maar ook het deels duistere gebouwencomplex zelf is al de bezichtiging waard. In de Tweede Wereldoorlog werden de Engelse kroonjuwelen hier in veiligheid gebracht. Er worden nu spooktochten en andere events georganiseerd. *Dag. 9.30–18.30 uur | entree £18,50 | Berrycoombe Road | bodminjail.org | ⏲ 1 uur*

BODMIN KEEP

Het militaire museum is echt iets voor wie dieper in de geschiedenis wil duiken. Het geeft uitleg over allerlei historische gebeurtenissen en toont uitrustingen van het regionale leger, vooral uniformen, medailles en wapens. *Di–za 10–17 | entree £9 | Castle Canyke Road | bodminkeep.org.uk | ⏲ 1 uur*

ETEN & DRINKEN

LANIVET INN

In deze schilderachtige pub vind je niet alleen vers getapt bier, maar ook een uitgebreide menukaart, met o.a. mosselen, vispastei en verschillende vegetarische gerechten. *Truro Road | tel. 01208 83 12 12 | €€*

WOODS CAFÉ

INSIDERTIP
Thee van vlakbij

Idyllischer kan het haast niet: dit café ligt verscholen aan de rand van een klein bos naast een beek. Hier kun je thee uit Cornwall drinken – hij komt uit Tregothnan, iets verder naar het westen, de eerste theeplantage van Groot-Brittannië. Er worden bovendien lekkere kleine snacks en taarten geserveerd, allemaal dagelijks vers bereid. *Callywith Cottage | Cardinham Woods | tel. 01208 78111 | woodscafe.co.uk | €€*

OMGEVING BODMIN

6 LANHYDROCK

4 km / 10 min. Z van Bodmin (auto)

Midden in een fantastisch bos- en parklandschap staat dit prachtige victoriaanse landhuis. Daarvoor zie je vormgesnoeide bomen, en in de bibliotheek een boek dat Hendrik VIII naar verluidt zou hebben geholpen om zijn eerste huwelijk nietig te verklaren en dat dus in zekere zin mede aan de basis lag van het ontstaan van de anglicaanse Kerk. *Huis maart–okt. dag. 11–17.30, nov. za/zo en dec. dag. 11–16 uur, terrein altijd toegankelijk | entree £18 | nationaltrust.org.uk/lanhydrock | 2 uur | G8*

7 RESTORMEL CASTLE

12 km / 15 min. Z van Bodmin (auto)

Het ronde Restormel Castle, een van de best bewaarde Normandische kastelen in Cornwall, ligt als een soort filmdecor op een heuvel aan de rivier de Fowey. De burcht mag dan slechts nog een ruïne zijn, het uitzicht – dat mijlenver in de omgeving reikt – laat nog altijd zien waarom de ligging van het kasteel vroeger van groot strategisch belang was. *Maart–okt. dag. 10–16 uur | entree £6,80 | Restormel Road | Lostwithiel | english-heritage.org.uk | 1 uur | G8*

8 BODMIN MOOR

20 km / 20 min. O van Bodmin (auto)

Iedereen rijdt meteen door naar Dartmoor en laat de kleinere Bodmin Moor links liggen. Geheel ten onrechten want ook dit gebied heeft mooie wandelroutes en fabelachtige uitzichten te bieden – alleen misschien niet zoveel mythes. Daphne du Maurier vond in de herberg *Jamaica Inn (Bolventor | tel. 01566 86250 | jamaicainn.co.uk | €€)* inspiratie voor haar gelijknamige, later door Alfred Hitchcock verfilmde roman. Je treft hier ook een klein *museum (dag. 8–21 uur | entree £3,95 | 30 min.)* aan, waar je aan de hand van foto's en enkele voorwerpen veel te weten komt over de 300 jaar smokkelgeschiedenis in de regio. In het zuidoosten van het heidegebied staat de steencirkel *Hurlers Stone Circles (altijd toegankelijk | gratis entree | Minions | Liskeard | english-heritage.org.uk)* – volgens de legende zijn het allemaal mannen die zijn versteend omdat ze op zondag hurling speelden. *H–J7*

FOWEY

(H9) **Elk jaar in augustus trekken duizenden zeilliefhebbers naar het kleine Fowey (2400 inw.) voor de Fowey Royal Regatta, maar ook in andere opzichten heeft deze plaats veel te bieden.**

De tijd dat de haven een belangrijk overslagpunt voor delfstoffen uit de omgeving was, is allang voorbij. Tegenwoordig vind je hier vooral chique restaurants en winkels. Het panorama van huizen, die zich vanaf de oever van de rivier de Fowey tegen de kust vlijen, heeft een hoog 'ansichtkaartgehalte'. De schrijfster Daphne du Maurier woonde lang in het landhuis *Menabilly (niet te bezichtigen)* bij Fowey en nam het op in haar roman 'Rebecca'. Tot haar nagedachtenis ligt er in de plaats een klein literatuurcentrum en wordt er ieder jaar in mei een festival gehouden. Bij het *Fowey Festival (foweyfestival.com)* treden ruim een week lang internationaal bekende schrijvers en muzikanten op.

SIGHTSEEING

ST CATHERINE'S CASTLE

Bijna magisch verheft dit kleine slot uit de 15de eeuw zich aan de riviermonding. Dat het nog altijd grotendeels intact is, is vooral te danken aan het belang van het kasteel tijdens de Tweede Wereldoorlog. In die tijd fungeerde de belangrijke post aan de monding van de Fowey als luchtafweerstelling. Je hebt hier een prachtig uitzicht op Fowey en de zee. *Altijd toegankelijk | gratis entree | St Catherine's Cove | english-heritage.org.uk | 1 uur*

ETEN & DRINKEN

THE GALLEON INN

Hier eet je direct aan het water: je kunt het best een van de tafeltjes buiten uitkiezen, waar je met een *pint* van het uitzicht op de rivier kunt genieten. Er wordt hier geen sterren-cuisine geserveerd, maar wel prima pub-eten, zoals scampi, vis en lasagne. *12 Fore Street | tel. 01726 83 30 14 | galleon-inn.co.uk | €€*

SAM'S

Zin in zeevruchten of sardientjes? Sam's komt wat Amerikaans casual over, maar is een van de beste visrestaurants in de regio. Er komen ook bezoekers alleen voor een cocktail. *20 Fore Street | tel. 01726 83 22 73 | samscornwall.co.uk | €€*

STRANDEN

Het mooiste strand ligt aan de andere kant van de kust: *Polkerris Beach,* een kleine voormalige haven met een zandstrand, pub en restaurant. Wie dichterbij wil blijven: *Readymoney Cove* aan de zuidrand van Fowey is klein maar schilderachtig.

OMGEVING FOWEY

9 POLRUAN

0,5 km / 5 min. O van Fowey (veer)

Polruan (600 inw.) ligt een beetje in de schaduw van Fowey, maar is minstens zo interessant. Het plaatsje aan de andere kant van de rivier de Fowey bereik je na een mooie *overtocht per veerboot (mei–sept. ma–za 7.15–23, zo 9–23, okt.–april ma–za 7.15–19, zo*

10–17 uur | £2,80 | afh. van het tijdstip vanaf Whitehouse Pier of Town Quay | ctomsandson.co.uk/polruan-ferry). Het *Blockhouse Fort (altijd toegankelijk | gratis entree)* is in zekere zin de pendant van St Catherine's Castle, al verkeert het in minder goede staat. Hetzelfde geldt voor de resten van de *Chapel of St Saviour* uit de 8ste eeuw, die hoog boven de plaats uittorent. *H9*

10 GRIBBIN HEAD ★

7 km/12 min. ZW van Fowey (auto)

Op deze landtong ten zuidwesten van Fowey kun je heerlijk wandelen met de frisse zeewind in je gezicht. Een markante blikvanger is de wit-rode *Gribbin Tower,* een 26 m hoog oriëntatiepunt voor de scheepvaart. Hier kun je van een fantastisch uitzicht op zee genieten. *G9*

Blikvanger met blokstrepen: de wit-rood geschilderde Gribbin Tower

PADSTOW

(F7) **Als je zelf een dromerig havenstadje mocht bouwen waar je de rest van je leven graag wilde doorbrengen, dan zou het er vast zo ongeveer uitzien als Padstow (3000 inw.).**

De haven wordt aan drie kanten begrensd door lage bebouwing en een heuvel, met daarachter een licht doolhofachtige binnenstad. En dan kun je ook nog overal prima eten: de Britse tv-kok Rick Stein woont een deel van het jaar in Padstow, waar hij ook een tiental pubs, hotels en restaurants runt. Nergens anders in Cornwall kun je zoveel eersteklas visgerechten krijgen. Als je Padstow in een iets minder slaperige toestand dan normaal wilt meemaken, kom dan op 1 mei. Dan viert de plaats het *Obby Oss-festival* met veel dans, muziek, een nachtelijke processie – en natuurlijk veel eten.

INSIDERTIP
Tijd om te feesten!

SIGHTSEEING

HAVEN

De haven is al van oudsher het middelpunt van Padstow. Hier speelt zich het – tamelijk gezapige – leven van alledag af. Vanhier gaan de vissers nog altijd de zee op. De *veerboot Padstow-Rock (dag. 8–17, 's zomers tot 20 uur | £3 per tocht | padstow-har bour.co.uk)* pendelt het hele jaar door tussen de haven en de oever aan de overkant van de rivier de Camel. De oversteek is alleen al aan te raden vanwege het mooie uitzicht op Padstow vanaf het water.

PRIDEAUX PLACE

Mooi waar je maar kijkt: een oud herenhuis, ingericht met allerhande pracht en praal en veel hout. Komt het je misschien bekend voor? Het bouwwerk wordt geregeld gebruikt als locatie van romantische films. De eigenaars wonen er zelf nog steeds en daarom is het huis maar op beperkte tijden te bezoeken. Het prachtige park eromheen is het domein van een van de oudste kuddes herten van Engeland. *April–sept. ma–vr 10.30–16.30 uur | entree £5 | Tregirls Lane | prideaux place.co.uk | 2 uur*

INSIDERTIP
Een huis als in de film

ETEN & DRINKEN

THE SEAFOOD RESTAURANT ★

Een van de beste restaurants in Engeland wat betreft vis en zeevruchten. Veel van wat er bij de televisiekok Rick Stein op tafel komt, zwom niet lang daarvoor nog in zee. Zijn recepten bedacht Stein in de tijd dat hij voor de BBC de hele wereld over reisde. *Riverside | tel. 01841 532700 | rickstein.com | €€€*

STEIN'S FISH & CHIPS

De goedkopere variant van Rick Steins chique cuisine: dit eenvoudige restaurant serveert lekkere *fish & chips*. *South Quay | tel. 01841 532700 | rick stein.com | €€*

SHOPPEN

Nauwelijks te geloven hoeveel modewinkels er in dit stadje staan! Ten westen van de haven, in *Church Lane* en *Cross Street*, rijgen ze zich aaneen.

SPORT & ONTSPANNING

Padstow Cycle Hire (4–6 South Quay | padstowcyclehire.com) verhuurt fietsen waarmee je prima een tocht langs de kust kunt maken.

STRANDEN

Bij Padstow ligt de mooie *St George's Cove* met een weids uitzicht. Ook aangenaam is *Harbour Cove* – een fijnzandig strand, waar het vaak rustig is.

OMGEVING PADSTOW

11 ROCK

2 km/10 min. O van Padstow (veer)

Aan de andere kant van de rivier de Camel ligt dit kleine plaatsje (1200 inw.). Het draagt – naar de chique Londense wijk – de bijnaam 'Chelsea-on-Sea' en is dan ook een uiterst elitaire bestemming. Dat blijkt ook uit de zeer hoogwaardige gastronomie. Rock dankt zijn populariteit in de eerste plaats aan zijn lange

INSIDERTIP
Chic uitstapje

zandstrand – bij eb perfect voor mooie wandelingen – en de watersportfaciliteiten: zeilen, surfen, waterskiën, paddleboarden, alles is mogelijk. Vlakbij ligt het plaatsje *Polzeath*, waarvan het zeer geleidelijk aflopende strand watersportliefhebbers uit het hele graafschap aantrekt, vooral surfers. De omstandigheden zijn hier meestal ideaal. F7

12 PORT ISAAC ★

26 km/35 min. NO van Padstow (auto)

Een vissersdorp met charme – vandaar dat er in Port Isaac (700 inw.) telkens films en tv-scènes worden gedraaid, zoals recentelijk nog de serie 'Doc Martin'. Eeuwenlang fungeerde het dorp als haven voor de steengroeves in de omgeving, maar inmiddels heeft Port Isaac zich allang tot een toeristische hotspot ontwikkeld – vooral sinds het plaatselijke shantykoor *Fisherman's Friends* een platencontract bij een internationaal label kreeg en dit hele avontuur in 2019 door regisseur Chris Foggin werd verfilmd. Met zijn smalle steegjes, die omlaag naar het water slingeren, leent Port Isaac zich perfect voor sfeervolle foto's. In het *Chapel Café (Port Isaac Pottery | Roscarrock Hill | tel. 01208 88 13 00 | €)*, een voormalige kapel uit de 19de eeuw, kun je in een originele omgeving van een *cream tea* genieten. G7

TINTAGEL

(G6) **Dit dorpje (700 inw.) leeft van een ruïne en vooral van een legende die ermee verbonden is:**

De haven van Padstow: eenvoudig, gezellig én goede visgerechten

Weinig muren, maar veel trappen en een geweldig uitzicht: Tintagel Castle

koning Arthur zou hier in Tintagel Castle zijn geboren.

Arthur won voor Brittannië talrijke veldslagen – althans in de mythologie. Volgens wetenschappers staat echter vast dat hij nooit werkelijk heeft bestaan. Er is zelfs geen bewijs voor dat er ooit iemand als rolmodel heeft gediend. Tintagel maakt dat allemaal niets uit: de plaats vaart er wel bij, gezien de busladingen bezoekers die hier het hele jaar door arriveren om naar de sporen van de mythische koning te zoeken. Ze worden in elk geval door de omgeving beloond: het indrukwekkende landschap van een van de grilligste kuststroken van Zuid-Engeland. En een kasteelruïne die een hit is op Instagram.

SIGHTSEEING

TINTAGEL CASTLE ★

Dit kasteel is het beste bewijs dat Arthur in geen geval hier is geboren, zoals vaak wordt beweerd. De burcht stamt namelijk pas uit de 13de eeuw, terwijl de Arthurlegendes teruggaan tot de 5de eeuw. Nu staan er nog maar een paar muren van Tintagel Castle – maar wel op een unieke plek: via een smalle brug kom je op een vooruitstekende rots met de resten van het kasteel. Het prachtige uitzicht maakt de vele treden die je hier moet beklimmen meer dan goed. *April–sept. dag. 10–18, maart en okt. wo–zo 10–16, nov.–feb. za/zo 10–16 uur | entree £14,80 | Castle Road | english-heriage.org.uk | 2 uur*

OLD POST OFFICE

In deze 14de-eeuwse boerenhoeve was lange tijd het postkantoor van Tintagel gevestigd, vandaar de naam. Inmiddels heeft de National Trust het gebouw omgetoverd in een gewoon historisch woonhuis. Je kunt er een kijkje nemen in het dagelijks leven in de middeleeuwen en allerlei victoriaanse postkantoor-attributen bewonderen. *Maart–sept. dag. 10.30–17.30, feb. en okt. 11–16 uur | entree £6,50 | Fore Street | nationaltrust.org.uk | 30 min.*

ETEN & DRINKEN

CHARLIE'S CAFÉ AND RESTAURANT

De *scones* zijn een droom, de visburgers een genot, de salades een lust voor het oog – in dit restaurant in het centrum kun je de inwendige mens versterken voor je op weg naar het kasteel gaat. Goed ontbijten kun je er ook. *Fore Street | tel. 01840 77 95 00 | charlies.cafe | €€*

THE CORNISH BAKERY

Prachtig is dit kleine café aan de weg naar het kasteel. Snacks als pasteitjes en zoete broodjes, plus uitstekende koffie … Je kunt het best proviand kopen voor onderweg en die aan de kust oppeuzelen. *1a Castle Road | €*

SHOPPEN

INSIDERTIP
Gin met een romig tintje

Aan *clotted cream,* dikke room, kom je in Cornwall eigenlijk nauwelijks voorbij – maar heb je wel eens *Clotted Cream Gin* geprobeerd? De plaatselijke *Wrecking Coast Distillery (The Old Bookshop | Atlantic Road | thewreckingcoastdistillery.com)* produceert deze drank, die in verschillende winkels in Tintagel verkrijgbaar is: hij is zacht van smaak met slechts een hint van jeneverbes.

OMGEVING TINTAGEL

13 BOSCASTLE

6 km / 10 min. NO van Tintagel (auto)

Boscastle (800 inw.) ligt idyllisch in een dal aan de samenvloeiing van de Valency en verscheidene andere rivieren. In 2004 leidde deze fraaie ligging echter tot een verwoestende overstroming. Inmiddels is het rustige leven van alledag allang weergekeerd. Op beide oevers staan oude huizen, de haven is in de omgeving ingebed als een soort openluchttheater. Vroeger werd het dagelijks leven in Boscastle bepaald door heksen en mythes – het kleine *Museum of Witchcraft and Magic (april–okt. dag. 10–17.30 uur | entree £7 | museumofwitchcraftandmagic.co.uk | ⏲ 1 uur)* is gewijd aan de spannende verhalen van weleer. *G6*

14 BUDE

30 km / 30 min. N van Tintagel (auto)

Dit plaatsje (7700 inw.) in het uiterste noorden van Cornwall is vooral populair om zijn stranden, compleet met de in Britse badplaatsen steevast kleurige strandhutten. In *Castle Bude (april–okt. dag. 10–17, nov.–maart 10–16 uur | gratis entree | The Castle | thecastlebude.org.uk | ⏲ 2 uur)* kun je onder andere een interessante tentoonstelling bekijken over de geschiedenis van de regio, de geologie en de scheepswrakken voor de kust, en je vindt er ook een galerie. Blijf er alleen niet te lang, want je moet beslist ook nog naar *Life is a Beach (Summerleaze Beach | €€).* In dit hippe strandcafé met uitzicht op zee waan je je bijna in Hawaii – lichte gerechten, voortreffelijk bier en een werkelijk adembenemende zonsondergang. *H4–5*

INSIDERTIP
Sundowner aan zee

ZUID-DEVON

TUSSEN HEI & ZEE

Zuid-Devon wil in alles de beste zijn. Zo kan het bogen op het beroemdste wandelgebied in het zuidwesten: Dartmoor. En de 'Engelse Rivièra' rond Torquay is het bekendste badgebied van Engeland. Voorts vind je hier de grootste en levendigste steden van heel Devon: Exeter en Plymouth.

Plymouth is niet alleen de grootste stad van het graafschap, maar ook het maritieme centrum van het hele land. Grote zeevaarders als sir Francis Drake zetten van hieruit koers, en emigranten staken van-

In Dartmoor is veel plaats voor wandelingen en legendes

uit deze haven over naar Amerika om daar een nieuw leven te beginnen. En tot op de dag van vandaag heeft de Britse marine hier een van haar belangrijkste bases. Dartmoor zit vol met mythes, misdaadverhalen en legendes – maar bovenal is het een schitterende omgeving om te wandelen, met dromerige dorpjes en overblijfselen uit lang vervlogen tijden. Anderen voelen zich meer aangetrokken tot de stranden: Torquay telt er een flink aantal, compleet met palmen en hoge temperaturen.

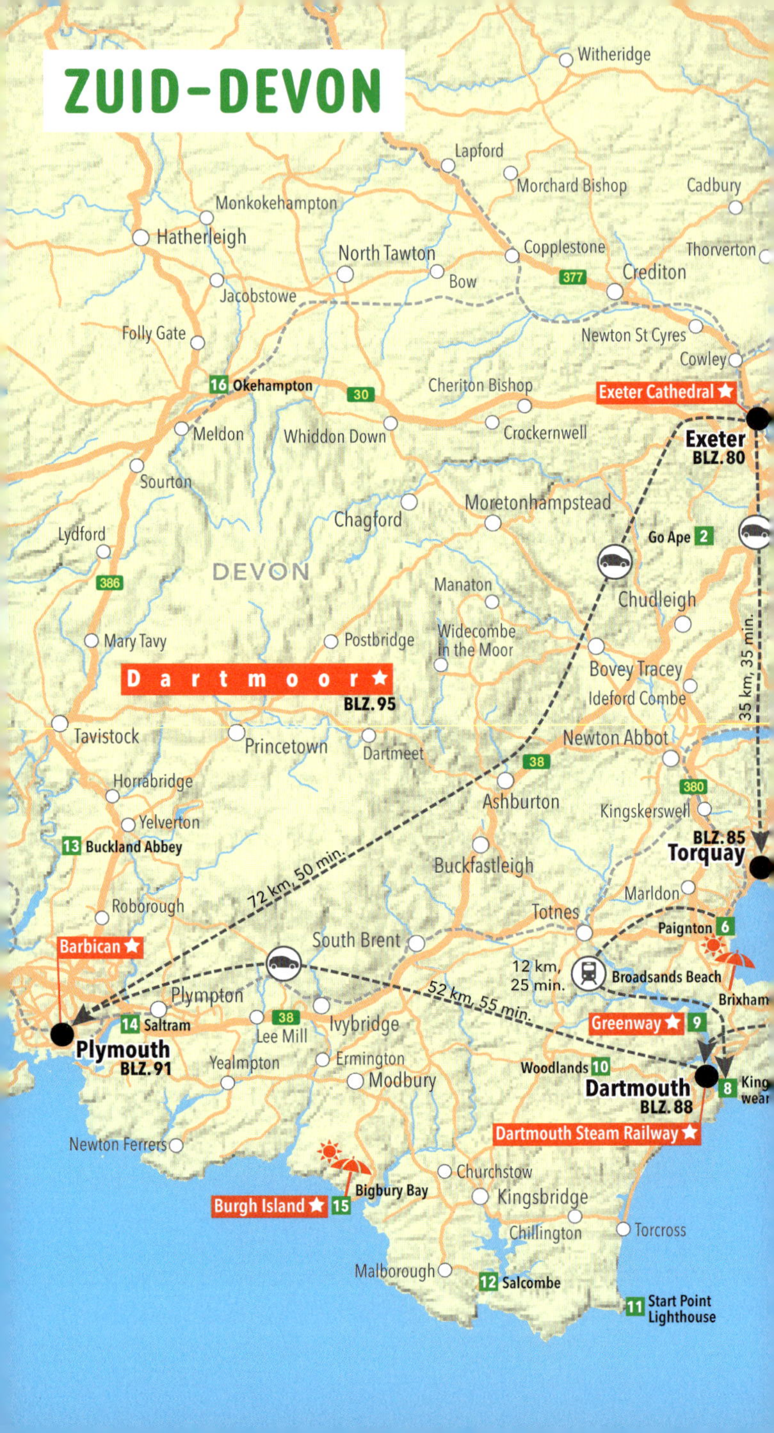

ZUID-DEVON
Witheridge
Lapford
Morchard Bishop
Cadbury
Monkokehampton
Hatherleigh
North Tawton
Copplestone
Thorverton
Bow
377
Crediton
Jacobstowe
Newton St Cyres
Folly Gate
Cowley
16 Okehampton
30
Cheriton Bishop
Exeter Cathedral
Meldon
Whiddon Down
Crockernwell
Exeter
BLZ. 80
Sourton
Moretonhampstead
Chagford
Go Ape 2
Lydford
DEVON
386
Manaton
Chudleigh
Widecombe in the Moor
Mary Tavy
Postbridge
Bovey Tracey
Dartmoor
BLZ. 95
Ideford Combe
35 km, 35 min.
Tavistock
Princetown
Dartmeet
Newton Abbot
38
Horrabridge
Ashburton
380
Yelverton
Kingskerswell
13 Buckland Abbey
BLZ. 85
Torquay
Buckfastleigh
72 km, 50 min.
Roborough
Marldon
Totnes
Barbican
South Brent
Paignton 6
12 km, 25 min.
Broadsands Beach
Plympton
52 km, 55 min.
Brixham
14 Saltram
38
Lee Mill
Ivybridge
Greenway 9
Plymouth
BLZ. 91
Yealmpton
Ermington
Woodlands 10
Dartmouth
BLZ. 88
8 Kingswear
Modbury
Dartmouth Steam Railway
Newton Ferrers
Churchstow
Bigbury Bay
Burgh Island 15
Kingsbridge
Chillington
Torcross
Malborough
12 Salcombe
11 Start Point Lighthouse

MARCO POLO HIGHLIGHTS

★ **EXETER CATHEDRAL**
Een van de mooiste kathedralen van Engeland staat midden in Exeter
➤ blz. 80

★ **DARTMOUTH STEAM RAILWAY**
Tussen Paignton en Kingswear tuffen oude stoomtreinen ➤ blz. 89

★ **GREENWAY**
Op dit prachtige landgoed aan de rivier de Dart bracht Agatha Christie jarenlang haar zomers door ➤ blz. 89

★ **BARBICAN**
In de oude havenwijk van Plymouth lijkt de tijd te hebben stilgestaan – althans bijna ➤ blz. 91

★ **BURGH ISLAND**
Op dit kleine eiland staat het Burgh Island Hotel. Agatha Christie heeft het beschreven ➤ blz. 94

★ **DARTMOOR**
Eenzaamheid, heide en veel sfeer in het mystieke landschap van dit nationaal park ➤ blz. 95

EXETER

(05) **Laat je vooral niet ontmoedigen door sommige bouwzondes die je te zien krijgt als je Exeter (125.000 inw.) binnenrijdt.**
De hoofdstad van Devon was tijdens de Tweede Wereldoorlog het doelwit van Duitse bombardementen, maar in het centrum is de pracht van de trotse handelsstad gespaard gebleven. In de winkelstraat High Street zie je bouwwerken tot in de tudorstijl, en grote delen van de stadsmuur stammen zelfs nog uit de Romeinse tijd. Klinkt ouderwets? Dat is het zeker niet! De stad is jeugdiger dan je denkt: meer dan 20.000 studenten bezoeken de University of Exeter, en het nachtleven is verrassend omvangrijk. Dagelijks worden er op diverse tijden gratis stadsrondleidingen gegeven door de *Red Coat Guided Tours (Hooker Statue voor de kathedraal | tel. 01392 26 52 03 | exeter.gov.uk).*

WAAR BEGIN JE?

Exeter Cathedral *(d2–3):* Zet je auto in de parkeergarage van John Lewis en loop door High Street omlaag tot Queen Street. Ga linksaf, de steeg leidt rechtstreeks naar de kathedraal.

SIGHTSEEING

EXETER CATHEDRAL ★

Deze kerk doet iedereen versteld staan: de Cathedral Church of St Peter (gebouwd in 1275–1369), zoals hij officieel heet, troont op de groene Cathedral Yard als het prachtigste gebouw van de stad. Het westportaal van het lichtgekleurde zandstenen bouwwerk is bezaaid met Bijbelse figuren, met daarboven een groot opvallend venster. Binnen is vooral het gotische waaiergewelf bezienswaardig, een van de langste in zijn soort. Er worden meermaals per dag gratis rondleidingen door het godshuis gegeven. *Ma–za 9–17, zo 11.30–16 uur | entree £7,50 | 1 The Cloisters | exeter-cathedral.org.uk | 1 uur | d2–3*

ROYAL ALBERT MEMORIAL MUSEUM

Dit uitbundig gedecoreerde, volledig gerenoveerde gebouw in neogotische stijl is veel meer dan een stadsmuseum. Je vindt er niet alleen een grote tentoonstelling over de geschiedenis van Groot-Brittannië en de regio rond Exeter maar ook een vermaarde kunstafdeling. Het museum is vernoemd naar de echtgenoot van koningin Victoria, prins Albert. *Di–zo 10–17 uur | gratis entree | Queen Street | rammuseum.org.uk | 1–2 uur | c2*

UNDERGROUND PASSAGES

De ondergrondse tunnels bieden een kijkje in de geschiedenis: je kunt onder High Street door de kanalen uit de 14de eeuw lopen en een heel ander beeld van Exeter krijgen. Het is er smal, vochtig en donker – maar je vindt hier o.a. ook resten van een oude stadspoort. *Do–zo 10–16 uur | entree £7,50 | 2 Paris Street (ingang naast Next) | 1 uur | d2*

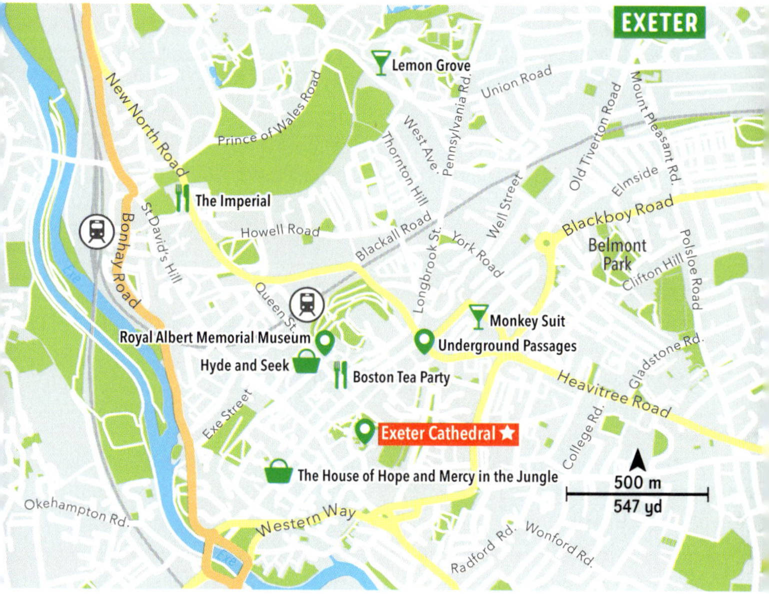

ETEN & DRINKEN

BOSTON TEA PARTY

Ontbijt, lunch of *afternoon tea* – deze studentenkoffiebar serveert altijd goede koffie, verse sappen en een ruime keuze aan uitstekende gerechten, allemaal bio. *84 Queen Street | tel. 01392 20 11 81 | bostonteaparty.co.uk | € | c2*

THE IMPERIAL

Grote maar oergezellige pub, gevestigd in een voormalig hotel hoog boven St David's Station. Je eet er voor een vriendelijke prijs (zij het niet altijd even geweldig), en bijkomend voordeel is dat de keuken tot laat op de avond open blijft. 's zomers kun je het best met een *pint* in de aantrekkelijke biertuin voor de deur gaan zitten. *New North Road | tel. 01392 43 40 50 | € | b1*

SHOPPEN

In de binnenstad van Exeter rijgen zich langs *High Street* alle mogelijke winkels aaneen, van het *warenhuis John Lewis (d2) (1 Sidwell Street)* tot kleinere zaken aan de andere kant van de voetgangerszone.

THE HOUSE OF HOPE AND MERCY IN THE JUNGLE

Volgens sommigen is dit de beste theewinkel in Devon. Je kunt er in ieder geval terecht voor lekkere soorten van Oolong tot Earl Grey en uitstekende adviezen. *1–3 Mccoys Arcade, Fore Street | thehouseofhopeandmercyinthejungle.co.uk | c3*

HYDE AND SEEK

In deze cadeauwinkel vind je gegarandeerd de juiste souvenirs, bijv. artistieke prints met motieven uit Exeter en Devon, klokken, kandelaars, bekers … *Unit 1, Harlequins, 1 Paul Street | hydeseek.co.uk | 🕮 c2*

UITGAAN & PODIA

LEMON GROVE

Op de hoofdcampus van de universiteit staat deze kleine hal voor concerten en feesten. Wie van livemuziek houdt, kan niet om deze *venue* heen. *St German's Road | 🕮 0*

MONKEY SUIT

Voor een ontspannen cocktail of craft beer gaan de locals naar deze bar in huiskamerstijl, compleet met leren bank en staande lamp. *161 Sidwell Street | themonkeysuit.co.uk | 🕮 e1*

OMGEVING EXETER

1 POWDERHAM CASTLE

13 km/20 min. Z van Exeter (over de A379)

De zetel van de Earl of Devon ziet er nog steeds uit als een echt middeleeuws kasteel. Van de burcht, die tussen 1390 en 1420 is gebouwd, zijn de belangrijkste delen bewaard gebleven en ook nog volledig ingericht. Binnen zijn bijvoorbeeld geheime deuren te zien. Bij het complex hoort natuurlijk ook een park, waar je een leuke doolhof kunt verkennen. Verdwaal niet en bezoek vooral ook de *Farm Store (powderhamfarmshop.co.uk)* op het terrein: de shop verkoopt heerlijke levensmiddelen uit de regio en voor tuinfans een ruim assortiment souvenirs.

INSIDERTIP Devon voor thuis

April–okt. zo–vr 11–16 uur | entree £14,95 | Kenton | powderham.co.uk | ⏲ 2 uur | 🕮 O6

2 GO APE

14 km/15 min. Z van Exeter (over de A38)

Lekker rondklauteren als een aapje: in dit park kun je goed gezekerd klimmen en slingeren tot je buiten adem bent. De enige voorwaarden: de bezoekers moeten minimaal 10 jaar oud en minstens 1,40 m lang zijn. *April–okt. dag. 9–17, feb./maart, nov. za/zo 9–16 uur (afhankelijk van het weer, vooraf op de website checken) | activiteiten vanaf £33, voor kinderen vanaf £18 | Haldon Forest Park | Bullers Hill | Kennford | goape.co.uk | 🕮 O6*

EXMOUTH

(🕮 P6) **De oudste badplaats van Devon maakt op het eerste gezicht misschien een wat sleetse indruk, maar Exmouth (33.000 inw.) heeft zich op diverse plaatsen juist duidelijk vernieuwd.**

Van de victoriaanse gebouwen langs de boulevard met zijn 3 km lange zandstrand bladdert hier en daar de verf. De hele rij huizen stamt uit de tijd

Voornaam, echt oud en natuurlijk met een eigen park: Powderham Castle

dat Exmouth dankzij de spoorwegverbinding zijn hoogtijdagen als vakantieoord beleefde. Inmiddels lijkt het verval echter tot staan gebracht. Rond de oude haven zijn kleurige huizen verrezen, die met de schare aan bootjes in het havenbekken op warme zomeravonden een uiterst romantisch decor vormen. De belangrijkste bestemming voor de meeste bezoekers is de opwindende *Jurassic Coast* (blz. 84), die bij de nabijgelegen landtong van Orcombe Point begint.

SIGHTSEEING

A LA RONDE

Wie komt er nu op het idee om een huis met 16 hoeken te bouwen? De nichtjes Jane en Mary Parminter hadden een voorliefde voor excentrieke aangelegenheden, zoals bij een bezoek aan dit 18de-eeuwse gebouw zal blijken. Ze ontwierpen niet alleen hun huis, maar ook een deel van de meubels, waarvan de meeste al even bijzonder zijn. Rond een achthoekige binnenplaats liggen 20 kamers. De inrichting is zoveel mogelijk afgestemd op de oorspronkelijke stijl van de twee dames. *Feb.–okt. dag. 11–17 uur | entree £10,50 | Summer Lane | nationaltrust.org.uk/a-la-ronde | ⏲ 1 uur*

ETEN & DRINKEN

BUMBLE AND BEE

Een leuk plekje, maar een romantisch diner zit er niet in, want dit chique kleine café is alleen open voor ontbijt, lunch en *afternoon tea*. Je krijgt hier luchtige *pancakes*, lekkere gepofte

Blikvanger: boten en rotsen aan de Jurassic Coast bij Sidmouth

aardappels en verse *scones,* de chef legt de nadruk op seizoensgebonden en regionale producten. *Manor Gardens | Alexandra Terrace | tel. 07791 22 97 41 | bumbleandbee.co.uk | €€*

RIVER EXE CAFÉ

Het misschien wel bijzonderste restaurant van de stad drijft op een ponton in de rivier de Exe. Op tafel komen verse zeevis en geweldige vegetarische producten, allemaal uit de omgeving. *The Docks | bereikbaar per watertaxi (april–okt., £5 retour) vanaf Point Bar Grill aan de haven | tel. 07761 11 61 03 | river execafe.com | €€€*

SPORT & ONTSPANNING

Exmouth is een centrum voor watersport – van surfen tot peddelen en roeien, bijna alles is mogelijk. Aan de boulevard vind je een hele reeks aanbieders die ook materiaal verhuren, bijv. *Exmouth Watersports (The Esplanade | tel. 01395 27 65 99 | exmouth watersports.co.uk).*

STRANDEN

Exmouth Beach is een prachtig strand – over een afstand van 3 km kun je hier relaxen op het gouden zand.

OMGEVING EXMOUTH

3 JURASSIC COAST

3 km / 7 min. O van Exmouth (via Marine Drive)

Wetenschappers kunnen de rotsen van de Jurassic Coast lezen als een boek. Voor alle anderen biedt deze 150 km lange kust vooral een indrukwekkend landschap met sensationele klippen. Tussen Orcombe Point bij Exmouth en de Old Harry Rocks van Dorset liggen diverse bezienswaardigheden, waaronder de bijzondere kliffen van rood zandsteen in het oosten van Devon. Bij *Beer* kun je grotten in het kalkzandsteen verkennen. De Jurassic Coast dankt zijn naam aan de vele fossiele vondsten uit de jura. Je kunt rondleidingen met gids boeken via het *Charmouth Heritage Coast Centre (onregelmatige data, reserveren noodzakelijk | £8 | Lower Sea Lane | Charmouth | tel. 01297 56 07 72 | char mouth.org).* P–S 5–6

4 SIDMOUTH

18 km/30 min. NO van Exmouth (auto)

Een van de pareltjes van de Jurassic Coast: Sidmouth (13.000 inw.) ligt ingebed in de kust van rood zandsteen en in de beschutting van grasgroene heuvels, alsof de stad hier uit zichzelf is 'gegroeid'. Van het centraal gelegen strand voert de houten *Jacob's Ladder* naar de *Connaught Gardens*, een mooi park op een zandsteenmassief. Boven biedt het *Clocktower Café (Peak Hill Road | tel. 01395 51 53 19 | clocktowersidmouth.com | €)* niet alleen een schilderachtig uitzicht, maar ook een fantastische keuze aan sensationele, zelfgebakken taarten en kleine warme gerechten. Q6

INSIDERTIP
Verleidelijke taarten

5 EAST DEVON AREA OF OUTSTANDING BEAUTY

20 km/30 min. NO van Exmouth (over de B3178)

Dit 260 km² grote gebied bij Seaton wordt gekenmerkt door glooiende graslanden en kleinschalige bossen. Het strekt zich tussen Exmouth en Lyme Regis vanaf de *Jurassic Coast* landinwaarts uit en staat onder bijzondere bescherming als een van de *Areas of Outstanding Beauty* van Groot-Brittannië. Wandelaars zijn hier in hun element, maar je kunt het gebied ook met een oude spoorlijn verkennen: de *Seaton Tramway (april–okt. dag. 10–16 uur, 's winters op specifieke dagen | £11,80 | Riverside Depot | Harbour Road | Seaton | tel. 01297 2 03 75 | tram.co.uk)*, die vanaf de kust ongeveer 5 km naar Colyton pendelt. Q–R 5–6

TORQUAY

(O7–8) **Torquay (65.000 inw.), de ooit zo prachtige badplaats, mag een beetje op jaren zijn gekomen, maar trekt ook in zijn huidige vorm nog bussen vol toeristen.**

In Groot-Brittannië wordt de stad vaak wat spottend een hotspot voor pensionado's genoemd. Maar hij maakt nog altijd indruk met zijn fraaie ligging in een schilderachtige baai en met zijn geologische gesteldheid: net als Rome is Torquay naar het heet op zeven heuvels gebouwd, maar strikt genomen zijn het er zelfs bijna 40. De stranden zijn fantastisch en de stad heeft zich met zijn lange voetgangerszone tot een regionaal centrum van Zuid-Devon ontwikkeld.

De beroemde 'Queen of Crime', de schrijfster Agatha Christie, werd hier in 1890 geboren. Elk jaar in september eren de inwoners haar met een boekenfestival.

SIGHTSEEING

TORRE ABBEY

In deze prachtige mix van een middeleeuws klooster en een *georgian* herenhuis is een interessant museum over de geschiedenis van de regio ingericht. Torre Abbey werd in 1196 als klooster gesticht en ontwikkelde zich in de 15de eeuw tot het welvarendste in zijn soort in heel Engeland – totdat

Op de kunstnijverheidsmarkt Cockington Court bij Torquay wordt mooi glas gemaakt

Hendrik VIII het, net als andere Engelse kloosters, liet opheffen. Interessant is ook het buitenterrein: een speciaal gedeelte van de tuin bestaat uitsluitend uit planten die in de romans van Agatha Christie als gif voor moorden werden gebruikt. Probeer dit niet thuis! *April–okt. di–zo 10–17 uur | entree £9,50 | The Kings Drive | torre-abbey.org.uk | 2 uur*

INSIDERTIP
Daar kun je gif op innemen

KENTS CAVERN

De voor zover bekend oudste grotwoning van Groot-Brittannië vormt een groot contrast met het zomerse strandleven van Torquay. Deze plek moet honderdduizenden jaren geleden al door dieren zijn bewoond – onderzoekers hebben er 450.000 jaar oude vondsten gedaan. Een gevonden menselijke bovenkaak uit Kents Cavern dateert vermoedelijk van ruim 40.000 jaar geleden – waarmee het een van de oudste overblijfselen van de moderne mens in Europa is. In augustus wordt de grot een paar dagen als bioscoop gebruikt, waar vooral Hollywoodklassiekers worden vertoond, van 'Star Wars' tot 'Indiana Jones'. *Dag. 10–17 uur | entree £16 | 91 Ilsham Road | kents-cavern.co.uk | 1–2 uur*

INSIDERTIP
Star Wars in een grot

ETEN & DRINKEN

THE IMPERIAL HOTEL

In dit stijlvolle hotel uit de 19de eeuw hebben in de loop van de decennia talloze prominenten gelogeerd – niet in de laatste plaats omdat hier de beste *afternoon tea* van de stad wordt

INSIDERTIP
It's tea time, my dear!

geserveerd. Een geweldige plek om met uitzicht op de haven 's middags van *scones* en ander lekkers te genieten. *Park Hill Road | tel. 01803 294301 | theimperialtorquay.co.uk | €€€*

NO. 7
In dit kleine, uitstekende visrestaurant aan de haven zit je dicht op elkaar, maar de gerechten van streekproducten zijn het waard. Je kiest zelf je verse vis uit voordat hij in de pan belandt. *7 Beacon Hill | tel. 01803 295055 | no7-fish.com | €€€*

SHOPPEN

Het uitgebreidst shop je in *Fleet Street* met het winkelcentrum *Fleet Walk*. Vele ketens hebben hier een vestiging, aan de haven vind je een klein *Debenhams*-warenhuis. In *Cockington Court (cockingtoncourt.org)*, iets buitenaf, verkoopt een mooie kunstnijverheidsmarkt souvenirs die deels van lokale makelij zijn, waaronder smeedijzeren haken, houten speelgoed en glaswerk.

SPORT & ONTSPANNING

Zwemmen kan hier bijna overal. Vooral bijzonder is de door de klippen van Brixham omgeven *Shoalstone Pool*. Tennissen kun je bijvoorbeeld in *St Mary's Park* (Brixham), in de *Cary Park Tennis Club* (Babbacombe) en in *Torre Abbey Leisure Park* in Torquay. De *Torbay Sea School* in Brixham biedt zeilcursussen aan.

SPLASHDOWN QUAYWEST
Het grootste outdoor-waterpark van Groot-Brittannië trekt bezoekers met maar liefst acht spetterende waterglijbanen en vele mooie uitzichten. *Mei-sept. dag. 9–17 uur | entree afhankelijk van het tijdstip, vanaf £15,50 p.p. | Tanners Road | Goodrington Sands | Paignton | splashdownwaterparks.co.uk/quaywest | 08*

STRANDEN

Aan de baai van Torbay ligt een tiental stranden, sommige met zand, andere met kiezels. Tot de mooiste behoren het smalle *Broadsands Beach* met kleine, kleurige omkleedhokjes (leuk om op de foto te zetten!) en *Paignton Beach*. Mooi en karakteristiek is *Corbyn Bay* met zijn houten hutjes nabij het treinstation van Torquay.

OMGEVING TORQUAY

6 PAIGNTON
6 km / 10 min. Z van Torquay (auto)
Het kleine zusje van Torquay lijdt een beetje onder de eigen reputatie als goedkope badplaats. Per slot telt Paignton (50.000 inw.) ook verscheidene bezienswaardigheden, waaronder *Oldway Mansion (dag. 9.30–16.30 uur | entree gratis | Torquay Road)*. De Amerikaanse naaimachinefabrikant Isaac Merritt Singer liet dit vorstelijke herenhuis met een groot park aan het eind van de 19de eeuw bouwen. Op de bo-

venverdieping vind je een spiegelzaal naar het voorbeeld van die in het paleis van Versailles. Met de *Dartmouth Steam Railway* (blz. 89) kun je van *Queens Park Station* naar Dartmouth (10,8 km) rijden. *08*

7 BRIXHAM

13 km / 20 min. Z van Torquay (auto)

Deze mooie plaats (16.000 inw.) in het zuiden van de baai van Torbay leeft al bijna 1000 jaar van de visserij en vormt met zijn kleurige huizen en kleine boten een chic decor aan het water. De *vismarkt* kun je tijdens rondleidingen *(onregelmatig wo-ochtend | therockfish.co.uk/products/fish-market-tour)* verkennen – hij is een belangrijke overslagplaats voor de vloten in de omgeving. Aan de haven vind je goede restaurants als *Rockfish (The Harbour | tel. 01803 85 08 72 | therockfish.co.uk | €€)* met een geweldig uitzicht op het water. Hier ligt ook een kopie van sir Francis Drakes vlaggenschip *Golden Hinde (maart–okt. dag. 10–16 uur | entree £6 | The Quay | goldenhinde.co.uk). 08*

INSIDERTIP
Vis bij de vleet

DARTMOUTH

(09) **Het mooiste uitzicht op Dartmouth (5000 inw.) heb je vanaf het water. Maak dus vooral een tochtje met een van kleine ferry's.** De groene heuvels zijn hier dicht bebouwd met kleine huisjes, en daarvoor deinen het hele jaar door de boten in de haven. Eeuwenlang was de stad een belangrijke diepzeehaven voor het koninkrijk – al sinds de 14de eeuw is Dartmouth een basis voor de Britse marine. Nog altijd worden hier officieren opgeleid: hoog boven de stad troont het statige Britannia Royal Naval College.

SIGHTSEEING

DARTMOUTH CASTLE

Dit indrukwekkende fort vlijt zich aan de monding van de rivier de Dart tegen de heuvels, en kijkt van bovenaf schitterend uit over het rivierlandschap. Dartmouth Castle beschermde ooit de belangrijke waterweg naar het binnenland. Er staan hier nog altijd een paar kanonnen. *April–okt. dag. 10–17, nov.–maart za/zo 10–16 uur | entree £8,10 | Castle Road | english-heritage.org.uk | 1 uur*

ETEN & DRINKEN

THE ANGEL

Trek in lamsvlees, heilbot of een appelsoufflé? Dit restaurant in een oud pand aan de rivier is een van de beste van Dartmouth, met een veelgeprezen keuken. *2 South Embankment | tel. 01803 83 34 88 | theangeldartmouth.co.uk | €€€*

BAYARDS COVE INN

In dit oude vakwerkhuis in het centrum kun je genieten van klassiekers uit de Britse keuken met een kleine moderne twist tegen redelijke prijzen. Vis, biefstuk of een tofuburger worden Instagram-waardig geserveerd.

De Dartmouth Steam Railway snelt van Kingswear naar Paignton

27 Lower Street | tel. 01803 83 92 78 | bayardscoveinn.co.uk | €€

OMGEVING DARTMOUTH

8 KINGSWEAR

0,5 km/5 min. O van Dartmouth (veer)

Dit plaatsje (1200 inw.) aan de rivieroever tegenover Dartmouth is met zijn kleurige huizen een lust voor het oog en je kunt er heerlijk wandelen. De stoomlocomotieven van de ★ *Dartmouth Steam Railway (meermaals per week | retour £21 | The Square | Kingswear | tel. 01803 55 58 72 | dartmouthrailriver.co.uk | 1 km naar het oosten)* pendelen van hier naar Paignton. *Veerboten (ma–za 7.30–23, zo 9–23 uur | £1,50 per overtocht | dartmouthrailriver.co.uk)* verbinden Kingswear overdag ongeveer om het kwartier met Dartmouth. *09*

9 GREENWAY ★

10 km/25 min. N van Dartmouth (veer)

Dit schilderachtige landgoed aan de rivier de Dart was lang eigendom van Agatha Christie. Ze bracht er vele zomers door en heeft er inspiratie opgedaan voor diverse van haar pageturners, al heeft ze hier geen boeken geschreven. Greenway is o.a. terug te vinden in 'Dead Man's Folly' ('Zoek de moordenaar'). Het felgele landhuis is ingericht met alle mogelijke snuisterijen, zoals die er al in haar tijd stonden,

Plaatsje in een glooiend landschap: aan een riviermonding ligt het mooie Salcombe

inclusief persoonlijke foto's en haar orde van verdienste DBE (Dame Commander of the Order of the British Empire). Een wandeling door de romantische tuin voert langs een victoriaanse kas en het boothuis. Wil je langer blijven? De National Trust verhuurt vakantiewoningen op het terrein. Nergens krijg je een beter inkijkje in het persoonlijke leven van het icoon van de misdaadfictie dan hier. *Maart–okt. dag. 10.30–17, nov./dec. za/zo (tussen kerst en Nieuwjaar dag.) 11–16 uur | entree £14 | Greenway Road | Galmpton | parkeerplaats vooraf telefonisch reserveren. Makkelijk bereikbaar met de boot vanuit Dartmouth (maart–okt., £12 retour) | tel. 0844 3 35 12 87 (*) | nationaltrust.org.uk/greenway | 3 uur | O8*

INSIDERTIP
Logeren bij Miss Marple

10 WOODLANDS

10 km / 12 min. W van Dartmouth (over de A3122)

Het grootste pretpark van Devon lokt bezoekers met enorme bootschommels en glijbanen, één deel is gewijd aan dinosporen en dieren. *April–okt. dag., nov.–maart za/zo 9.30–17 uur | entree £21,90, kind tot 110 cm £16,90 (laagseizoen beide £12,45) | Woodlands Leisure Park | Blackawton | Totnes | woodlandspark.com | N9*

11 START POINT LIGHTHOUSE

30 km / 40 min. Z van Dartmouth (over de A379)

Een van de mooiste gebieden voor kustwandelingen in Devon vind je bij de Freshwater Bay, met groene weides aan de ene en hoge kliffen aan de andere kant. Hier voert een pad naar de witte vuurtoren Start Point, die spectaculair op een klif staat en de scheepvaart sedert 1836 door Het Kanaal leidt. Hij is sinds 1993 geautomatiseerd en kan op bepaalde dagen (april–okt.) worden bezichtigd. *Entree £8,50 | startpointdevon.co.uk |* *N10*

12 SALCOMBE

30 km / 45 min. ZW van Dartmouth (over de A381)

In het prachtige Salcombe (2000 inw.) aan de monding van het Kingsbridge Estuary *blijf* je maar foto's nemen. In het centrum staan kleine, oude huisjes dicht opeen en aan de rivier liggen twee stranden, *North Sands* en *South Sands*. De roze geschilderde winkel *Cranch's Sweetshop (78 Fore Street)* is één brok nostalgie: hier wordt al sinds 1869 snoep in bonte kleurtjes verkocht. In de *Salcombe Gin School* kun je onder begeleiding je eigen gin maken, en ook verder biedt de plaatselijke distilleerderij *(ma–do 10–17, vr/za 10–22, zo 11–17 uur | cursussen vooraf reserveren | The Boathouse | 28 Island Street | tel. 01548 28 81 80 | salcombegin.com)* volop interessants om te bekijken en te drinken. *N10*

INSIDERTIP
Zin in je eigen gin?

PLYMOUTH

(L9) **In de oude zeevaardersstad Plymouth (260.000 inw.) in het uiterste westen van Devon bespeur je bij de haven nog altijd een zeker verlangen naar verre oorden.**

De rest van de stad is in de jaren 1950 – na zware Duitse bombardementen in de Tweede Wereldoorlog – meer functioneel dan mooi herbouwd. Helden als sir Francis Drake, James Cook en Charles Darwin zetten vanuit Plymouth koers naar zee, en de Britse marine onderhoudt hier nog altijd de grootste militaire haven van West-Europa. Zin in shoppen? Een voetgangerszone vind je hier ook!

WAAR BEGIN JE?

Barbican-wijk *(d–e 5–6):* Zet je auto bij voorkeur op een van de parkeerterreinen aan Lambhay Hill, dan kun je relaxed de oude haven met zijn steegjes verkennen. Loop vanhier naar het kalksteenmassief *The Hoe* voor een geweldig uitzicht over de haven.

SIGHTSEEING

BARBICAN ★

De oude havenwijk is de parel van Plymouth. De middeleeuwse huisjes nemen je mee naar een andere tijd. Er lijkt hier door de eeuwen heen nauwelijks iets te zijn veranderd, alleen de boten in het water zijn modern. Je kunt hier heerlijk wandelen en in de pubs en restaurants de inwendige mens versterken. De *Black Friars Distillery (ma 11–16.30, di–za 11–17.30, zo 12–17 uur | tochten vanaf £15 | 60 Southside Street | tel. 01752 82 89 67 | plymouthgin.com)* maakt al sinds 1783 zijn *Plymouth Gin*. Aan de andere kant van de haven wapperen een Britse en een Amerikaanse vlag: bij de *Mayflower Steps*, de steiger vanwaar kolonisten in 1620 aan boord gingen om in Amerika een nieuw leven te beginnen. Je komt er meer over te weten in het *Mayflower Museum (april–okt. ma–za 9–17, zo 10–16, nov.–maart ma–vr 9–17, za 10–16 uur | entree £5 | 3–5 The Barbican | mayflowermuseum.co.uk | ⏲ 1 uur).* 🗺 d–e 5–6

THE HOE

In het centrum ligt dit imposante kalksteenmassief. Boven heb je een fantastisch uitzicht op de haven, en de rood-witte vuurtoren *Smeaton's Tower (april–sept. dag. 10–17 uur | entree £5 | Hoe Road)* rijst hier boven de stad uit. Sir Francis Drake zou in 1588 op The Hoe een potje bowls (een soort jeu de boules) hebben gespeeld, voordat hij tegen de Spaanse Armada ten strijde trok; er staat een standbeeld ter nagedachtenis aan de zeeheld. Nog altijd wordt de *Royal Citadel* aan het oostelijke uiteinde van The Hoe voor militaire doeleinden gebruikt, maar 's zomers kan het 17de-eeuwse fort tijdens een rondleiding worden bezichtigd *(april–sept. | entree £12,50 | aanmelden noodzakelijk! | english-heritage.org.uk).* 🗺 c–d 5–6

NATIONAL MARINE AQUARIUM ☂

Het grootste aquarium van Groot-Brittannië bezit ook het diepste bassin van het land. Hier zie je niet alleen vissen uit de Atlantische Oceaan en omgeving, maar in een apart aquarium ook talrijke soorten uit Oceanië. *Dag. 10–17 uur | entree £22,50 | Rope Walk | Coxside | national-aquarium.co.uk | ⏲ 2 uur |* 🗺 e5

ROYAL WILLIAM YARD

Waar vroeger een slachterij en diverse bakkerijen stonden, kun je tegenwoordig in cafés en restaurants hippe gerechten en drankjes bestellen, bij het uitzicht op het havenbekken. Het grote militaire terrein in het westen van Plymouth was vroeger een bevoorradingsdepot van de Britse marine. Nu vind je achter het majestueuze ingangsportaal een hele wijk vol pakhuizen met moderne bestemmingen en kleine bedrijfjes. Per schip kun je idyllisch naar je drankje of diner reizen, het autoverkeer omzeilen en meteen nog iets van de kust zien. Elk uur gaat er een *veerboot (april–okt. dag. 9.30–17, nov. 11–15.30 uur | per tocht £4 | plymouthboattrips.co.uk)* van de Royal William Yard naar de wijk Barbican. 🗺 0

INSIDERTIP
Per boot naar een drankje

ETEN & DRINKEN

BISTROT PIERRE

Dit in Franse stijl ingerichte restaurant serveert een uitstekende keuze uit de nieuwe Frans-Britse keuken: gezonde gerechten met veel vis, groente en vlees – met daarbij een goed glas wijn. *New Cooperage | Royal William Yard | tel. 01752 262318 | short.travel/cod9 | €€€ |* 🗺 0

CROWN AND ANCHOR

Pubfood van *fish & chips* tot steak: in het historische havenkwartier is het

altijd druk. Degelijk eten, goede prijzen – heel aantrekkelijk is op zondag de *Sunday roast. 10 The Barbican | tel. 01752 22 45 72 | € | e5*

KINGFISHER FISH AND CHIPS

Deze *fish & chips*-shop is al verscheidene malen tot de beste van het land verkozen. De keuze is overzichtelijk, de ambiance zoals bij veel andere cafetaria's, maar de kwaliteit van de snacks is ronduit top. *Chaddlewood Shopping Centre | 6 Glen Road | tel. 01752 33 55 67 | € | 0*

SHOPPEN

DRAKE CIRCUS

Met 70 shops is dit winkelcentrum in de binnenstad vooral bij regen een goed alternatief voor een dagje sightseeing. Hier is zo'n beetje elke winkelketen in Engeland met een vestiging vertegenwoordigd. *1 Charles Street | drakecircus.com | d4*

PLYMOUTH MARKET

Heerlijk om rond te neuzen: de bijna 150 kramen in deze markt mogen dan tegenwoordig meer snuisterijen dan echte marktwaren verkopen, toch vind je hier gegarandeerd iets van je gading. *Cornwall Street | plymouth market.co.uk | c4*

SPORT & ONTSPANNING

TINSIDE LIDO

Het Tinside Lido werd in 1935 in art-decostijl gebouwd en is een van de mooiste buitenbaden van Groot-Brittannië – met een sensationeel uitzicht op de zee en de stad. 's Zomers fungeert het bad af en toe als openluchtbioscoop. *Juni–sept. Ma–vr 12–18, za/zo 10–18 uur | entree £5,20 | Hoe Road | c6*

UITGAAN & PODIA

ANNABEL'S CABARET

Loungeclub in het havenkwartier met goede cocktails en muziek in de genres blues, rock en pop. Regelmatig livemuziek en feestjes. *88 Vauxhall Street | tel. 01752 26 05 55 | annabelscabaret.co.uk | e5*

BLUES BAR GRILL & RESTAURANT

Perfecte plek voor livemuziek (jazz, blues) in de wijk Barbican. Je kunt er burgers en steaks krijgen, zodat je een goede 'bodem' voor de avond legt. *8 The Parade | tel. 01752 25 73 45 | bluesbarandgrill.co.uk | d5*

PRZYM

Een feestlocatie: ruime dansvloer, veel drank, luide muziek – goed om de hele nacht door te dansen. *Barbican Leisure Park | tel. 01752 25 13 82 | pryzm.co.uk/plymouth | f5*

OMGEVING PLYMOUTH

13 BUCKLAND ABBEY

15 km/20 min. N van Plymouth (auto)

Dit middeleeuwse complex met zijn grote kerkschip zou een geweldige plek zijn voor een thriller die zich in een pastorie afspeelt. Buckland Abbey ontstond in 1278 als cisterciënzerklooster, maar werd in de 16de eeuw – zoals alle kloosters in Engeland – door de koning gesloten. In 1541 liet sir Richard Grenville de abdij tot woonhuis verbouwen, dat hij later aan sir Francis Drake verkocht. *Feb.–okt. dag. 11–17, nov. za/zo 11–16, dec. dag. 11–16 uur | Yelverton | nationaltrust.org.uk/buckland-abbey | entree £14 | 2 uur | L8*

14 SALTRAM

8 km/15 min. O van Plymouth (auto)

In 1995 werd hier de film 'Sense and sensibility' opgenomen naar de roman van Jane Austen. En nog altijd ziet dit imposante herenhuis in een prachtig parklandschap aan de rivier de Plym eruit als een filmset. Je ziet er weelderig ingerichte vertrekken, o.a. met Chinees behang en veel historisch waardevolle schilderijen. *Park dag. 10–16, huis 11–15.30 uur | entree £13 | Plympton | nationaltrust.org.uk/saltram | 1 uur | L9*

15 BURGH ISLAND ★

35 km/45 min. O van Plymouth (auto)

Agatha Christie zou in het Burgh Island Hotel haar roman 'Evil under the sun' ('Overal is de duivel') hebben geschreven. Ook als niet-hotelgast kun je dit ruige getijdeneilandje bezoeken (maar dan niet het hotel). Bij eb kun je van de *Bigbury Bay* – het zandstrand met uitzicht op Burgh Island is een ideale plek om te ontspannen – in een paar minuten naar de overkant

Burgh Island is een getijdeneiland – bij eb kun je ernaartoe lopen

lopen, bij vloed rijdt er een *zeetractor (£2, gratis voor hotelgasten).* Op het eiland vind je steile klippen, de overblijfselen van een middeleeuwse kapel en de *Pilchard Inn,* een oude herberg die perfect als set voor een piratenfilm kan fungeren. En natuurlijk het Burgh Island Hotel. ⏲ *3 uur* | *M9*

DARTMOOR

(L–N 6–8) **Sherlock Holmes verrichte speurwerk in dit gebied, Edgar Wallace deponeerde er de nodige lijken. ★ Dartmoor, het unieke en vaak verlaten heidegebied van Devon, lijkt geschapen voor misdaadverhalen.**

Automobilisten zullen hier op de smalle enkelbaanswegen met maar weinig uitwijkmogelijkheden af en toe heikele momenten beleven. Maar voor wandelaars en fotografen is Dartmoor met zijn indrukwekkende uitzichten een schot in de roos. Het ligt bezaaid met dorpjes, zoals het soms zeer druk bezochte Widecombe-in-the-Moor, en imposante steenformaties als Hound Tor leveren stof voor tal van legendes. Bij alle mythes die zich rond Dartmoor afspelen draait het vooral om één thema: vrezen voor je leven. Maar dat is nergens voor nodig – tegenwoordig kun je hier veilig rondlopen. Al moet je voor één ding wel goed uitkijken: het Britse leger gebruikt delen van het nationaal park als oefenterrein. Info over de tijden van de schietoefeningen vind je op *short.travel/cod1*

Wie door Dartmoor wandelt, vindt grote stenen op zijn weg

SIGHTSEEING

CASTLE DROGO

Het laatste kasteel dat in Groot-Brittannië werd gebouwd, is jonger dan het eruitziet: de bouw van het middeleeuws ogende slot begon pas in 1910 en duurde tot 1930. De ligging is perfect: het kasteel rijst hoog boven de Teign Valley uit en is al van verre zichtbaar. Het is volledig ingericht, en kunstenaars hebben diverse ruimtes verfraaid. Buiten heb je een geweldig uitzicht over het dal. *Maart–okt. dag. 11–17, nov./dec. za/zo 11–16 uur, terrein altijd toegankelijk | entree £14 | Drewsteignton (nabij Exeter) | nationaltrust.org.uk/castle-drogo | 2 uur*

MORETONHAMPSTEAD MOTOR MUSEUM

Regent het pijpenstelen? Dan biedt dit museum uitkomst. In deze voormalige busremise vind je 150 Britse en internationale oldtimers. Hier gaat het hart van iedere auto- en motorfan sneller slaan! *April–okt. di–do, za/zo 11.30–16.30 uur | entree £8 | Court Street | Moretonhampstead | moretonmotormuseum.co.uk | 2 uur*

HOUND TOR

Van onderaf maakt de verzameling stenen weinig indruk, maar als je eenmaal boven bent, bieden ze een prachtige aanblik. Vooral 's ochtends, als het nog niet zo druk is, kun je er van een bijna magische stilte genieten. Over deze stapel stenen ten noorden van Widecombe, ooit een nederzetting, doen vele mythes de ronde uit een tijd lang voordat Benedict Cumberbatch hier in de tv-serie 'Sherlock' vertoefde. Volgens de overlevering is de bijzondere formatie een roedel honden die door heksen is versteend. De 6 m hoge granieten toren *Bowerman's Nose (6 km noordelijk)* zou de bijbehorende jager zijn. *Vrij toegankelijk*

WIDECOMBE-IN-THE-MOOR

Dit schilderachtige plaatsje (600 inw.) in het hart van Dartmoor ligt verscholen in het omringende berglandschap. Middelpunt van het minuscule dorpje met zijn kleine natuurstenen huisjes is de *Church of St Pancras*. Op het kerkhof ernaast rust de schrijfster Beatrice Chase (1874–1955). In de *General Store,* een voormalige brouwerij en later een school, kun je onder andere souvenirs kopen. *widecombe-in-the-moor.com*

LYDFORD GORGE

Deze 2,4 km lange, beboste kloof is de diepste in het zuidwesten van Engeland. Je kunt hem op een deels zeer steil en smal, 5 km lang rondlopend pad verkennen. De *White Lady Waterfall*, waar de rivier de Burn in de rivier de Lyd stort, is 30 m hoog. In mei bloeien er in de kloof zeeën van wilde hyacinten *(bluebells)*. In de plaats *Lydford* zijn de resten van *Lydford Castle (altijd toegankelijk | gratis entree | english-heritage.org.uk)* te zien, een kleine middeleeuwse burcht. *April–sept. dag. 10–17 uur, okt.–dec. korter | entree £11 | ingang aan de westrand van Lydford | nationaltrust.org.uk/lydford-gorge | 2 uur*

ETEN & DRINKEN

CAFÉ ON THE GREEN

Prima plek voor de lunch en een *afternoon tea*. Dit café midden in Widecombe is misschien soms wat aan de drukke kant, maar met zijn terras in elk geval 's zomers eens een uitkomst. *The Green | Newton Abbot | Widecombe-in-the-Moor | tel. 01364 62 17 20 | thecafeonthegreen.co.uk | €*

THE CLEAVE PUBLIC HOUSE

Deze pub met rieten dak midden in Dartmoor serveert goede Britse gerechten, van vis tot steak, plus vegetarisch zoals groentelasagne – en dit in een idyllische omgeving. *Lustleigh | tel. 01647 27 72 23 | thecleavelustleigh.co.uk | €€*

WELLNESS

BOVEY CASTLE

Kasteelachtig hotel met een van de beste spa's in Devon – hier kun je je ook zonder een kamer te boeken laten verwennen: relax met fraai uitzicht op de natuur, en geniet van de behandelingen en het zwembad. *North Bovey | Newton Abbot | tel. 01647 44 50 00 | boveycastle.com/spa*

OMGEVING DARTMOOR

16 OKEHAMPTON

Direct NW aan het nationaal park

De vele mooie oude huizen verlenen dit plaatsje (7000 inw.) zijn idyllische aanzien. Het is ondanks zijn geringe grootte een van de centra aan de rand van Dartmoor. De ruïne van het 11de-eeuwse *Okehampton Castle (april–okt. dag. 10–17 uur | entree £5,90 | Castle Lodge | english-heritage.org.uk)* op een met gras begroeide heuvel is weliswaar nogal vervallen, maar nog steeds bezienswaardig. Een fijne fietsroute is de op een oude spoorlijn aangelegde, grotendeels autovrije *Granite Way*. Hij voert van station Okehampton over een afstand van 18 km naar het Meldon Viaduct, vanwaar je een fantastisch uitzicht op de groene omgeving hebt *(fietsverhuur: Granite Way Cycle Hire | Klondyke Road | Okehampton | tel. 01837 65 09 07)*. *L5*

INSIDERTIP
Fietsen op de railway

NOORD-DEVON

HET ENGELAND VAN WELEER

Van Exmoor heb je weleens gehoord, maar nog nooit van Great Torrington, Lundy en Bideford? Je bent niet de enige. Noord-Devon is iets voor fijnproevers – veel plaatsen hier zijn veel minder bekend dan die in het zuiden van het graafschap.

Het gebied is vaak ruig en hier en daar heb je het gevoel terug in de tijd te zijn gereisd. Je ziet imposante steile kusten, de prachtigste (surf)stranden en veel heuvelachtig en soms mistig achterland. Nauwelijks anders dan in de rest van Devon? Toch wel een beetje. Het

In Noord-Devon valt er veel groen en heuvelachtig achterland te ontdekken

noorden is woester, op veel plaatsen kom je amper mensen tegen. Exmoor ligt weliswaar maar deels in Devon, maar het prachtige gebied wordt vaak graag in z'n geheel 'toegeëigend'. Je kunt hierboven de natuur tussen kusten en weides ontdekken, met overal exmoorpony's en schapen. Bezoek dorpjes waar zelfstandige winkeltjes en ambachtslieden een stukje oud-Engeland hebben bewaard. En dan de kust! Het uitzicht op het Kanaal van Bristol was voor sommigen aanleiding een heel nieuw leven te beginnen.

NOORD-DEVON

25 km, 2 uur
BLZ. 104
Ilfracombe
40 km, 40 min.
Verity
5
Lundy Island
Woolacombe Beach
4
Woolacombe Ba
Georgeham
Croyde
Saunton
Knowle
Braunton
KELTISCHE ZEE
Yelland
Westward Ho! Beach
Appledore
Westward Ho!
6
Northam
39
The Big Sheep
7
8
Bideford
Alverdiscott
Hartland Coast
10
9
Clovelly
386
Hartland
Weare Giffard
Great Torrington
BLZ. 109
Welcombe
39
Langtree
Little Torrington
Bradworthy
DEVON
Kilkhampton
CORNWALL
Holsworthy Beacon
Bude
Chilsworthy
Holsworthy
Highampton
5 km
3.11 mi

MARCO POLO HIGHLIGHTS

★ VALLEY OF THE ROCKS
Indrukwekkende rotsen vormen deze kleine vallei in Exmoor ➤ blz. 102

★ LYNTON/LYNMOUTH
Een oude waterballastbaan verbindt deze plaatsjes met elkaar ➤ blz. 102

★ VERITY
Damien Hirsts bronzen beeld in de haven van Ilfracombe zorgde bij de onthulling voor veel opschudding ➤ blz. 104

★ LUNDY ISLAND
Steile kust en zeezicht, papegaaiduikers en lammetjes, dat zijn de ingrediënten voor een relaxte dag: het eiland voor de kust van Noord-Devon is een paradijs voor natuurliefhebbers ➤ blz. 106

★ CLOVELLY
Vissersplaatsje, prachtig gelegen – en ook nog eens autovrij. Over kinderkopjes wandel je steil omlaag naar de kleine haven ➤ blz. 110

EXMOOR

(📖 M–O 1–2) **Exmoor wordt gekenmerkt door nauwe valleien, verscholen dorpjes en een uitgestrekt weidelandschap, dat uitmondt in steile kusten.**

Niet zelden hult de mist dit alles in een melkachtig waas. Het nationaal park biedt een bijna spookachtig, maar toch uitnodigende aanblik – rond de bron van de rivier de Exe ligt een van de mooiste heidegebieden van Groot-Brittannië. De streek staat mede bekend om het oudste ponyras van de Britse eilanden: de exmoorpony. En ook om de vele kleine bosbessenstruiken die op de heide groeien. Exmoor hoort maar gedeeltelijk bij Devon, de rest ligt in Somerset.

SIGHTSEEING

DUNSTER CASTLE

Boven de middeleeuwse plaats *Dunster* (800 inw.) verrijst dit schilderachtige kasteel met zijn vele torens en kantelen. Binnen bewijst het victoriaanse interieur dat Dunster Castle jonger is dan op het eerste gezicht lijkt: het dateert uit de 19de eeuw. Maar dat maakt het niets minder imposant. Ook het omringende park is een lust voor het oog. Het wordt doorsneden door een smal wandelpad, dat naar een watermolen met een romantisch café leidt. *Kasteel maart–okt. dag. 10–16, nov./dec. za/zo 10–15 uur, park maart–okt. dag. 10–18, anders tot 17 uur | entree £16 | nationaltrust.org.uk/dunster-castle | ⏲ 2 uur*

PORLOCK

Dit slaperige plaatsje (1400 inw.) in het noorden van Exmoor is een schoolvoorbeeld van een idyllisch, pittoresk Engels dorpje. De hoofdstraat slingert dwars door Porlock en vormt een belangrijke as die Exmoor van west naar oost doorsnijdt. Je bespeurt er vaak de geur van koffie, want met *DJ Miles (The Vale Yard | High Street)* heeft zich hier een kleine, maar zeer fijne branderij met uitstekende melanges gevestigd. Mooi, bijna een beetje mystiek, is ook de ervoor gelegen haven *Porlock Weir*. Geniet hier van de weldadige rust aan het water en drink een *pint* in het *Bottom Ship (€)*, een eeuwenoude rietgedekte pub aan de haven.

INSIDERTIP
Het aroma komt je tegemoet

VALLEY OF THE ROCKS ★

Schrik niet als hier ineens een geit je pad kruist. Pal aan de kust tussen Lynton en Porlock heeft de natuur een uniek landschap gevormd met imposante, spitse stenige heuvels die gedeeltelijk met gras zijn begroeid. De *feral goats,* verwilderde geiten, zijn hier inheems en genieten duidelijk van het adembenemende uitzicht. Je kunt het best hun voorbeeld volgen!

LYNTON/LYNMOUTH ★

Twee plaatsen ineen: boven op de klippen van Exmoor vind je Lynton vol pracht en praal, met direct daaronder het slaperige havenplaatsje Lynmouth. Ze zijn allebei mooi op hun eigen manier en zijn met elkaar verbonden door een waterballastbaan, de *Cliff Railway ('s zomers dag. 10–19, rest van het jaar tot 17 uur | enkeltje £3,50 | The Esplanade Lynmouth | tel. 01598 75 39 08 | cliffrailwaylynton.co.uk),* die je ver terug in de tijd voert: de tank van een gondel wordt met water gevuld tot hij zwaar genoeg is om in dal af te dalen. Dit principe functioneert al sinds 1890. Boven biedt het kleine *Cliff Top Café (Lee Road | tel. 01598 75 33 66 | €)* een sensationeel uitzicht.

ETEN & DRINKEN

THE CASTLE

Een gezellige pub in een tudorhuis in het centrum van Porlock. Hier kun je van 's ochtends vroeg tot 's avonds laat van de Engelse keuken genieten, waaronder *fish & chips,* sandwiches en soepen. *High Street | Porlock | tel. 01643 86 25 04 | €€*

THE RISING SUN

Laat je niet misleiden door het rustieke exterieur van dit huis met rieten dak aan de haven van Lynmouth: deze pub serveert een zeer verfijnde cuisine van versgevangen vis, zeevruchten en veel andere lokale producten. *Lynmouth Street | Harbourside | Lynmouth | tel. 01598 75 32 23 | risingsunlynmouth.co.uk | €€€*

SPORT & ONTSPANNING

Surfen kun je hier in Noord-Devon het best in Croyde, Woolacombe en Saunton. *Exmoor Adventures (exmooradventures.co.uk)* biedt vanuit Porlock Weir een scala aan outdooractiviteiten,

Onder voortsnellende wolken laat Exmoor zich van zijn magische kant zien

waaronder coasteering, klimmen en kajakken. Je kunt hier ook fietsen huren *(vanaf £27 per dag).*

STRANDEN

Er ligt een hele reeks stranden in Exmoor. Het bekendst is *Minehead Beach* in het oosten, maar ook *Porlock Beach* en *Dunster Beach* zijn een bezoek waard. Een fijne, kleine zandbaai vormt *Combe Martin Beach.* Check altijd goed de getijden *(tidetimes.org.uk)!*

OMGEVING EXMOOR

1 KNIGHTSHAYES

30 km/30 min. van Exmoor (over de A361 of de A390)

Dit imposante victoriaanse herenhuis ziet eruit als een prachtig klooster, maar heeft altijd 'gewoon' dienstgedaan als woning. De excentrieke architect en ontwerper William Burges heeft de kamers vrij donker en speels ingericht in neogotische stijl – maar mogelijk komen ze wel enkel zo over omdat Burges nog voor de voltooiing van het gebouw werd ontslagen. Het huis wordt omgeven door een van de mooiste tuinen van Devon. *Maart–okt. dag. 10–17, nov.–feb. tuin dag., huis alleen za/zo 10–16 uur | entree £14 | Bolham | Tiverton | nationaltrust.org.uk/knightshayes | 2 uur | O4*

INSIDERTIP
Groener kan het niet

2 COLDHARBOUR MILL

35 km/35 min. van Exmoor (over de A396 en A361)

Deze oude wolfabriek gunt je een kijkje in de victoriaanse tijd. Rondleidingen geven uitleg over de oude machines in de hallen. Kinderen kunnen tijdens een speurtocht ontdekken hoe vroeger garen werd gesponnen. *April–okt. wo–za 10.30–16.30, jan.–maart do 11–15.30 uur | entree £15, kind £8 | Uffculme | Cullompton | coldharbourmill.org.uk | 2 uur | P4*

ILFRACOMBE

(L1) **Het wat afgelegen Ilfracombe (12.000 inw.) verkeerde in de 19de eeuw ergens tussen havenstad en badplaats. Tegenwoordig is het een mooi, maar wat op jaren gekomen vakantieoord.**

Victoriaanse huizen sieren het centrum, al bladdert hier en daar de verf. Er komen nog maar weinig badgasten, het gaat bezoekers vooral om de maritieme sfeer die je nergens in de omgeving zo goed kunt opsnuiven als hier. Ilfracombe is een sympathieke, ingedutte plaats, met kleine bootjes in de haven en het aangename gevoel dat iedereen hier alle tijd van de wereld heeft.

SIGHTSEEING

VERITY ★

In zo'n authentieke havenplaats als Ilfracombe verwacht je niet echt kunst van topklasse – des te verraster zijn de meeste bezoekers dan ook als ze de bronzen sculptuur 'Verity' (Waarheid) van Damien Hirst ontdekken, die sinds 2012 boven de haveningang uittorent. Ze is 20 m hoog en was aanvankelijk zeer controversieel. Het werk stelt een zwangere vrouw voor met opgeheven zwaard en een open buik, waarin de foetus en organen te zien zijn. Het beeld kreeg een storm van kritiek over zich heen. Zoveel ophef was men hier totaal niet gewend. Inmiddels hebben echter zelfs de grootste critici moeten toegeven dat de provocerende dame een sieraad voor deze plek is. *Harbour Front*

ST NICHOLAS CHAPEL

De kleine kapel op de met gras begroeide Lantern Hill aan de haven is al eeuwen een pelgrimsoord. In de middeleeuwen werd hij verbouwd tot vuurtoren. Als je het steile pad omhoog volgt, heb je een fantastisch uitzicht over de plaats. *Mei–sept. dag. 10–18, april en okt. 10–16 uur | gratis entree | Lantern Hill*

LANDMARK THEATRE

Op de boulevard trekken ze al je aandacht: de twee bovenmaatse kegels op het platte theatergebouw. Voor sommigen heeft het geheel de esthetiek van een kerncentrale. De locals noemen het gebouw vaak 'Madonna's bustehouder', omdat het van een afstand iets wegheeft van een bh zoals de popdiva die ooit op het podium droeg. Het theater wordt door een Brits rondreizend gezelschap gerund, met steeds wisselende musicals en theaterstukken. *Wilder Road*

Eyecatcher in Ilfracombe: 'Verity' van Damien Hirst

ETEN & DRINKEN

THE PIER

Deze pub staat op een toplocatie. Je zit direct aan de haven, kunt allerlei soorten bier proberen en pubfood van burgers tot *fish & chips* eten. *The Quay | tel. 01271 86 55 16 | €€*

SWISS COTTAGE CAFÉ

Erg Zwitsers ziet dit café in het centrum er niet uit, maar je kunt er wel smullen van sensationele taarten uit de eigen bakkerij. Drink er een kopje versgebrande koffie bij. *33 High Street | swisscottagecafe.com | €*

STRANDEN

Tunnels Beaches is het strand van Ilfracombe. Groter, maar ook drukker, is het zandstrand *Woolacombe Beach* ca. 10 km naar het westen.

OMGEVING ILFRACOMBE

3 ARLINGTON COURT

20 km/25 min. ZO van Ilfracombe (over de A3123)

Dit classicistische herenhuis ziet eruit alsof de bewoners net vertrokken zijn. Voor de ingang groeien bloemen, en binnen neemt een tentoonstelling je mee naar het dagelijks leven in de 19de eeuw. In de bijbehorende schuur toont het *National Carriage Museum* ca. 40 koetsen uit verschillende tijdperken. De tuin is bijzonder mooi. *Maart–okt. dag. 10–16 (huis 11–15.30), nov./dec. en feb. za/zo 10–16 uur | entree £14 | Arlington | nationaltrust.org.uk | ⏲ 2 uur | 🕮 L2*

4 WOOLACOMBE BAY

11 km/15 min. W van Ilfracombe (over de B3343)

Woolacombe bezit een van de fijnste stranden van Devon. Het brede zandstrand strekt zich over 5 km uit en overal kom je rustige plekjes tegen. Perfect om te surfen! En bij regen voor een creatieve middag: in de *Craft Hut (feb.–okt. dag. 10–17 uur | Sandy Lane | Woolacombe Bay Holiday Park | tel. 01271 87 25 36)* kunnen kinderen keramische voorwerpen zoals kleine dieren, mokken en dinosaurussen beschilderen, die ze als hun creaties gebakken zijn de volgende dag mee naar huis mogen nemen. *🕮 K1*

INSIDERTIP Creatieve kids

5 LUNDY ISLAND ★

25 km/2 uur W van Ilfracombe (veer)

Nergens vind je zulke pure ontspanning als op dit kleine eiland: Lundy Island ligt in het Kanaal van Bristol en is zelfs in de zomer niet dagelijks te bereiken – en als je er wel naartoe kunt, lukt dat alleen met een twee uur durende boottocht. Op dit ruige stukje Engeland strekken zich een grillige steile kust en veel natuur uit – behalve een paar huizen, een vuurtoren en het middeleeuwse kleine slot *Marisco Castle* vind je er vooral lammetjes en papegaaiduikers. Vanaf bijna elk punt op het eiland heb je uitzicht op zee. De Landmark Trust heeft hier veel oude gebouwen veranderd in overnachtingsgelegenheden, zodat je tussen muren van eeuwenoud zandsteen kunt slapen. In de zomermaanden worden er leuke dagtrips aangeboden met de *MS Oldenburg (april–okt. ongeveer om de dag | dagtrip £50, anders £89 retour)*, afhankelijk van het getij vanuit Bideford of Ilfracombe. 's Winters vliegt er op bepaalde dagen een *helikopter (vanaf Hartland Point | £158 retour). Lundy Shore Office (The Quay | Bideford | tel. 01271 86 36 36 | landmarktrust.org.uk/lundyisland) | 🕮 G1*

INSIDERTIP Uitstapje naar de papegaaiduikers

BARNSTAPLE

(*📖 L2*) **In het centrum van Barnstaple (24.000 inw.) heerst overdag een drukte van belang.**
Uit de hele omgeving komt iedereen hier inkopen doen. Barnstaple is in Noord-Devon de plaats waar je naartoe gaat als je naar de bank, de kapper of uit eten wilt, om vrienden te treffen en om te flaneren. Rond de oude Pannier Market vind je diverse levensmiddelenzaken, waarvan de meeste zich steeds meer richten op hippe delicatessen en *coffee to go.*

SIGHTSEEING

MUSEUM OF BARNSTAPLE AND NORTH DEVON

De perfecte inleiding tot de geschiedenis van Noord-Devon. In dit uitnodigende museum wordt de ontwikkeling van Barnstaple en de regio uitgebreid belicht – van munten uit de 11de eeuw tot 17de-eeuwse schipbreukelingen. Voor het gebouw herinnert de *Albert Clock* aan de echtgenoot van koningin Victoria, prins Albert, die in 1861 al op zijn 42ste stierf. *Maart–okt. ma–za 10–17, nov.–feb. 10–16 uur | gratis entree | The Square | barnstaplemuseum.org.uk | ⏱ 1 uur*

ETEN & DRINKEN

ALEXANDER'S SANDWICH BAR

De sandwich is in Engeland uitgevonden, en dat zie je terug in deze winkel: de vers bereide doorgesneden dubbele boterhammen – of ze nu met tonijn, ham of kaas zijn belegd – smaken stukken lekkerder dan voorverpakte exemplaren. *31C Boutport Street | tel. 01271 37 37 35*

Rustig plekje: op Lundy Island voelt ook de kleine mantelmeeuw zich thuis

Wandelen? Of toch liever fietsen? Op de Tarka Trail kan het allebei!

BLOCK

Een kleine culinaire reis rond de wereld: in dit trendy restaurant in het centrum kun je zowel ramen-noedels als miso-cheeseburgers en een burrito bowl bestellen. Klinkt verwarrend? Het is juist een spannend concept dat veel heerlijke gerechten oplevert. *12–14 Butcher's Row | tel. 01271 34 20 45 | eatatblock.com | €€*

SHOPPEN

PANNIER MARKET

De markthal van Barnstaple stond model voor tal van andere markten in Devon. Sinds het midden van de 19de eeuw hebben kooplieden hier hun waren aangeboden. Tegenwoordig is de Pannier Market op sommige dagen een vlooienmarkt. Maar op dinsdag, vrijdag en zaterdag kun je hier nog steeds lokale levensmiddelen krijgen, van jam tot bio-worst. *Ma–za 9–15 uur | Butchers Row*

OMGEVING BARNSTAPLE

6 WESTWARD HO!

17 km/20 min. W van Barnstaple (over de A39)

De badplaats Westward Ho! (2000 inw.) is vooral bekend om zijn bijzondere schrijfwijze. Dit is de enige plaats in Europa met een uitroepteken in de officiële naam. De spelling is gebasseerd op een roman van Charles Kingsley met dezelfde titel, die investeerders inspireerde om deze badplaats te bouwen. De meeste vakantiegangers zijn daar overigens niet zo mee bezig, zij komen hier vooral voor het lange, terecht populaire zandstrand. Vlakbij ligt *Appledore*, een idyllisch havenstadje dat nog altijd van zijn scheepswerf leeft. *K3*

7 THE BIG SHEEP

18 km/20 min. W van Barnstaple (over de A39)

Vroeger stond hier een doorsnee boerderij. Inmiddels is het landgoed uitgegroeid tot een groot themapark, waar het plattelandsleven en de bijbehorende dieren centraal staan. Daarbij speelt het schaap de hoofdrol, maar veel attracties zijn ook naar andere dieren gemodelleerd: zwanenboten, varkenswagens en wat de organisatoren zoal nog meer bedachten. Echte dieren (ook lammetjes) vind je er ook – om te aaien, naar te kijken en voor een selfie! Volwassenen kunnen hier een brouwerij en een ginstokerij bekijken. *April–okt. dag. 10–17 uur | entree 's zomers £16,95, 's winters £5,50 | Abbotsham (bij Bideford) | thebigsheep.co.uk | 🕮 K3*

TARKA TRAIL

Deze ca. 290 km lange route voert grotendeels over autovrije paden door de natuur. Je kunt hem zowel te voet als per fiets afleggen. Hij loopt van Barnstaple al slingerend via Braunton, Ilfracombe en Lynton terug naar het beginpunt. Zo'n 50 km wordt het aangepaste traject van een vroegere spoorlijn gevolgd. De *trail* is vernoemd naar Tarka, de otter uit een verhaal van Henry Williamson. Voor huurfietsen kun je terecht bij *Tarka Bikes (The Railway Station | Barnstaple | tel. 01271 32 42 02 | tarkabikes.co.uk). 🕮 L–M 1–2*

GREAT TORRINGTON

(🕮 K3) **Great Torrington (6000 inw.) lijkt een onbeduidend plaatsje, maar heeft meer te bieden dan je op het eerste gezicht denkt.**

Overal staan nog middeleeuwse gebouwen. Als je zomaar een zijstraat verkent of zelfs enkel het parkeerterrein van de Pannier Market, beland je echter al snel midden in het groen: Rond Great Torrington strekt zich een van de mooiste landschappen van Noord-Devon uit.

SIGHTSEEING

ROSEMOOR

In deze tuin net buiten Great Torrington groeien zo'n 2000 rozen van 200 verschillende soorten. Het is eigenlijk meer een park dan een tuin. Rond kersttijd worden als de duisternis valt de bomen kleurig verlicht. *April–sept. dag. 10–18, okt.–maart 10–17 uur | entree £13,85 | A3124 | rhs.org.uk/gardens/rosemoor*

ETEN & DRINKEN

THE TORRIDGE INN

Een ongebruikelijke combinatie: in deze rustieke Engelse pub worden uitstekende Thaise gerechten bereid, waaronder curry's en noedelgerechten. *136 Mill Street | Taddiport | tel. 01805 62 50 42 | €€*

SHOPPEN

PANNIER MARKET

In deze kleine markthal vind je zowel een paar winkels als dagelijks wisselende kraampjes – vroeger vormde de hal het hart van de handel in Great Torrington. Tegenwoordig worden er doorsnee gebruiksvoorwerpen verkocht en is er op do–za een levensmiddelenmarkt. *Ma–za 7–18 uur | South Street*

Kinderkopjes en kleine huisjes aan de steile kust – het schilderachtige Clovelly

OMGEVING GREAT TORRINGTON

8 BIDEFORD

12 km / 13 min. N van Great Torrington (over de A386)

Bideford (17.000 inw.) is bekend om zijn *Long Bridge* over de rivier de Torridge: een prachtige stenen brug op ronde bogen, die met 200 m tot de langste in zijn soort in Engeland behoort. Maar wie hierheen gaat, doet dat eigenlijk om iets anders: om te winkelen. Zoals overal in de omgeving beschikt ook Bideford over een *markthal*, waar alleen nog op dinsdag en zaterdag een echte weekmarkt wordt opgebouwd. Voor de rest bestaat het aanbod voornamelijk uit galeries en souvenirshops. Als je Bideford in westelijke richting verlaat, vind je aan Clovelly Road de outletmall *Affinity Devon (ma–wo, vr/za 9–18, do 9–20, zo 10–16 uur).*

INSIDERTIP Koopjes jager

Hier tref je ca. 35 topmerken aan, variërend van mode tot parfum, met veel speciale aanbiedingen. *K3*

9 CLOVELLY ★

30 km / 30 min. W van Great Torrington (over de A39)

Auto's kom je hier niet tegen, en zelfs voetgangers mogen alleen tegen betaling het dorp (400 inw.) in, dat privébezit is. Maar dit is dan ook een van de mooiste dorpen in het noorden van Devon. Langs een steil naar de haven aflopende straat staan kleine huisjes dicht op elkaar, en is geplaveid met stenen uit de omgeving. Het is allemaal zeer schilderachtig, en ook de haven is bijzonder idyllisch en daarom een zeer toeristische hotspot. De auteur Charles Kingsley werd hier geboren. Hij schreef over Clovelly in zijn boek 'Westward Ho!', waarin het personage Salvation Yeo wordt geboren in wat nu het *Red Lion Hotel (The Quay | tel. 01237 43 12 37 | €€)* is. Nog altijd kun je hier tijdens een diner ontspannen genieten van het uitzicht op de kleine haven. *Dag. 9–18 uur | entree £8,50 | clovelly.co.uk | ⏲ 3 uur | 🕮 J3*

10 HARTLAND COAST

35 km / 45 min. W van Great Torrington (over de A39)

De witte vuurtoren bij *Hartland Point* markeert de plek waar het Kanaal van Bristol overgaat in de Atlantische Oceaan. Hierboven is het ruig, vaak winderig en verlaten. Maar dat is nu juist het aantrekkelijke van dit wandelgebied. *Hartland Quay* was ooit een bedrijvige haven, die door de kracht van de stormen echter geleidelijk aan in verval raakte. Delen van de oude havenmuur zijn bij laagwater nog te herkennen. Het *Hartland Quay Hotel (Hartland | Bideford | tel. 01237 44 12 18 | hartlandquayhotel.co.uk | €€)* biedt niet alleen een fantastisch uitzicht, maar je vindt er ook een klein *museum (Pasen–half okt. dag. 11–16 uur | entree £1)* over de geschiedenis van de regio. Hier kun je ook meteen aan de bar een kop thee of een biertje halen en daar bij mooi weer buiten van genieten met uitzicht op zee. Fraai is *Hartland Abbey (april–sept. zo–do 11–17, huis 14–17 uur | entree £15,50 | Hartland),* een voormalig klooster en nu een herenhuis met een schitterende tuin. *🕮 H3*

OP HET SPOOR VAN DE SMOKKELAARS

Wandelen tot je niet meer kunt – dat kan in Devon en Cornwall op allerlei plaatsen. Vooral het ⚑ *South West Coast Path (southwestcoastpath.org.uk)* is een van de highlights in het zuidwesten. Het loopt over een lengte van 1014 km langs de kusten van beide graafschappen en zelfs nog wat verder. Het pad begint bij Minehead in Somerset aan de rand van Exmoor en eindigt in Devons buurgraafschap Dorset, in Poole Harbour. Het mooiste is dat je vanaf bijna elk punt een perfect uitzicht op de zee, kliffen, eenzame hutten en kleine dorpjes hebt. Het pad loopt over zijn gehele lengte vlak langs de kust – want oorspronkelijk was het helemaal geen wandelpad, maar een mogelijkheid voor de kustwacht om zich in de strijd tegen smokkelaars snel te verplaatsen. Is de route je veel te lang? Je hoeft hem niet in zijn geheel af te leggen – elk gedeelte, hoe kort ook, is een belevenis op zich. Volg gewoon het symbool van de route: een wit eikeltje op een bruine achtergrond.

ROUTES & TOCHTEN

Als je de bijzonderheden van dit gebied wilt ontdekken, dan zijn deze op maat gesneden tochten echt wat voor jou. Je krijgt geweldige tips voor halteplaatsen op adembenemende plekken en bij speciale eetgelegenheden en typische activiteiten.

1 IN HET SPOOR VAN AGATHA CHRISTIE

- Waar de grande dame van de misdaadroman haar jeugd doorbracht
- Het zomerverblijf van de beroemde schrijfster verkennen
- Met een oude stoomtrein langs de kust rijden

Torquay Museum, Torquay

Grand Hotel, Torquay

5,5 km plus rit naar Greenway

1 dag, 1½ uur onderweg

Check vooraf de dienstregeling van de Dartmouth Steam Railway *(dartmouthrailriver.co.uk)*. En meld de conducteur dat je in Greenway wilt uitstappen!

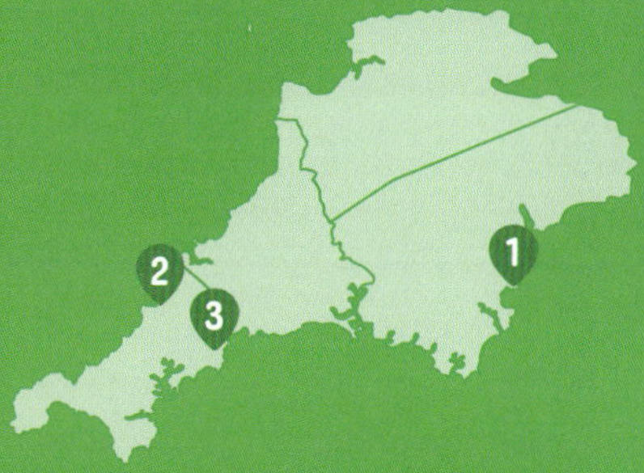

De *grand dame* van de Engelse detectiveroman: Agatha Christie

HAVENZICHT EN MYSTERIEUZE KRUIDEN

De tocht begint in het ❶ **Torquay Museum** *(di–do en za 10–16 uur | 529 Babbacombe Road | torquaymuseum.org)*, dat een kleine afdeling aan Agatha Christie heeft gewijd. *Via de Parkhill Road* kom je bij het ❷ **Imperial Hotel** ➤ blz. 86, waar Christie naar verluidt graag *afternoon tea* kwam drinken. Het hotel komt ook in verscheidene van haar romans voor. Bij een kop thee in het **restaurant** kun je het uitzicht op Torquay bewonderen. *Op weg naar de haven* kom je langs ❸ **Beacon Cove**: hier kun je net als Agatha Christie pootjebaden. *Slenter verder naar de* ❹ **haven**, waar veel gebouwen uit de tijd van de schrijfster bewaard zijn gebleven. Bestel in een van de cafés een kopje koffie en een sandwich en geniet van het uitzicht op de boten! *Achter de toeristeninformatie staat op de Cary Parade* een ❺ **bronzen buste** van Agatha Christie. In het ❻ **paviljoen** woonden Agatha Miller en Archie Christie een concert van Wagner bij: een date die tot een huwelijksaanzoek leidde. *Wandel nu naar de* ❼ **Princess Gardens** – deze spelen een rol in de roman 'Het ABC-mysterie', de kleine omweg loont vanwege de mooie planten. *Aan de overkant bij de* ❽ **Princess Pier** heeft Christie gerolschaatst. Kuier hier naar de top. Een

❶ Torquay Museum
❷ Imperial Hotel
❸ Beacon Cove
❹ haven
❺ bronzen buste
❻ paviljoen
❼ Princess Gardens
❽ Princess Pier

⑨ Torre Abbey

⑩ station

⑪ Greenway

⑫ Grand Hotel

moord plegen is vaak niet moeilijk: veel van de slachtoffers in Christies boeken kwamen door gif uit heel gewone planten om het leven. In de tuin van ⑨ **Torre Abbey ➤ blz. 85** ligt een gedeelte voor giftige planten; je ontdek er ook in welke misdaadromans ze zijn voorgekomen. *Van het* ⑩ **station** *van Torquay voert de route nu naar de naburige plaats Paignton ➤ blz. 87.*

OP EN NEER NAAR HET ZOMERHUIS

Met de Dartmouth Steam Railway reis je net als in de tijd van Miss Marple *van Paignton naar* ⑪ **Greenway ➤ blz. 89**. *Een bus brengt je van het station rechtstreeks naar het landgoed.* Welkom bij Agatha Christie: Greenway was jarenlang het zomerverblijf van de schrijfster. Bewonder het huis met veel van haar persoonlijke bezittingen – en ook het uitzicht van het landgoed op de rivier de Dart is een belevenis. Trakteer jezelf voor de terugreis in het kleine **Barn Café** nog op cider of een *cream tea*; in de shop zijn ook boeken van Christie te koop. Om 16 uur neem je *de boot naar Dartmouth ➤ blz. 88. Steek daar over naar Kingswear ➤ blz. 89 op de andere oever,* om de laatste *trein naar Paignton* te halen, die rond 17 uur gaat. Daar neem je de *trein terug naar* **Torquay**. Moe van het uitstapje? *Direct tegenover het station* zie je het ⑫ **Grand Hotel** *(Torbay Road | tel. 01803 29 66 77 | grandtorquay.co.*

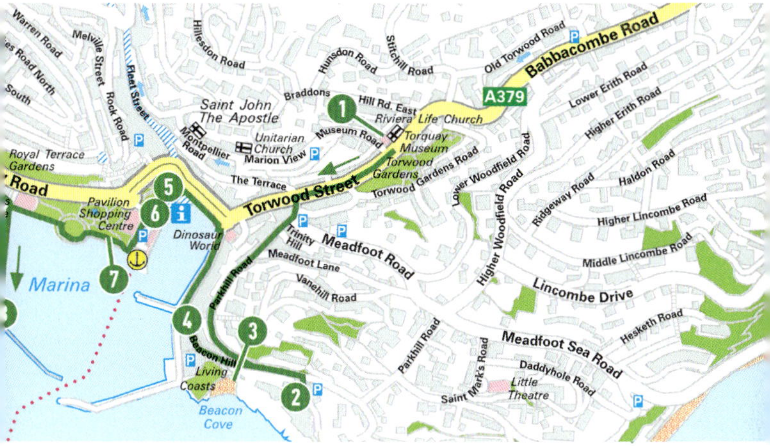

uk | €€€). Onder het diner kun je hier over de baai van Torbay uitkijken en je nog één keer een beetje als Agatha Christie voelen: de grande dame van de misdaadroman bracht in 1914 in dit hotel één nacht van haar huwelijksreis door.

2 WANDELING OP HET SOUTH WEST COAST PATH

- **Wandelen met prachtig uitzicht**
- **Lunchen in het strandrestaurant**
- **Van de zee en de kliffen genieten**

busstation, Newquay

Great Western Hotel, Newquay

ca. 15 km plus busrit vanaf Newquay

1 dag, ca. 4½ uur onderweg

Bus 56 vanaf het 1 **busstation, Newquay**: check de dienstregeling *(firstgroup.com/cornwall)*, hij gaat maar eens per uur. 3 **Bedruthan Steps:** zeer sterke branding, baai alleen bij eb toegankelijk. Trap 's winters afgesloten

KUSTSFEER MET THEEPAUZE

Van het ❶ busstation in Newquay ➤ blz. 57 gaat *bus 56 naar het beginpunt van de wandeling. Stap in Porthcothan Bay uit. Bij de rode telefooncel neem je het pad naar de 'Stores'.* Je loopt dan al op het South West Coast Path, je traject voor vandaag – het symbool van deze wandelroute is een wit eikeltje op een bruine achtergrond.

Loop verder richting de kust: de prachtig ruige ❷ Porthcothan Bay word je eerste fotostop. *Ga nu naar het zuidwesten,* en zorg dus dat de zee rechts van je blijft. In de buurt van het pad zie je zes grafheuvels die uit de bronstijd dateren. Let ook op bijzondere planten: kaasjeskruid *(garden tree-mallow)* met roze bloemen, geelbloeiende zeealant *(golden samphire)* en lila lamsoor *(sea lavender)*. Ze kleuren de kust op deze plaats afhankelijk van het seizoen met bonte spikkels. *Je loopt almaar verder langs de kust. Vanaf het uitstulpende Park Head nader je al de* ❸ Bedruthan Steps ➤ blz. 59: deze vrijstaande rotsen liggen als een soort oplopende stapstenen voor de steile kust. 's Zomers voert een smalle trap omlaag naar het strand. *Op het parkeerterrein* ❹ Carnewas Island *van de National Trust* is het tijd voor een pauze en een lekkere kop thee in het café *(maart–okt. dag.) Loop daarna terug over het kustpad, verder in zuidwestelijke richting.* Het uitzicht tussen de rotskust en het groene achterland is een lust voor het oog. Bij ❺ Mawgan Porth kom je voor het eerst bij een gedeelte waar druk op het water wordt gesurft.

LUNCH, ZEEZICHT, GEWELDIG TERRAS

Tijd voor de lunch: in ❻ Watergate Bay strijk je neer in The Beach Hut ➤ blz. 57 met romantisch uitzicht op de baai. Zoek zo mogelijk een plekje vlak bij het raam, dit prachtige uitzicht is ideaal om bij weg te dromen.

- ❶ **busstation**
  - **14 km** 20 min.
- ❷ **Porthcothan Bay**
  - **4 km** 1 uur
- ❸ **Bedruthan Steps**
  - **1 km** 10 min.
- ❹ **Carnewas Island**
  - **2 km** 40 min.
- ❺ **Mawgan Porth**
  - **3 km** 45 min.
- ❻ **Watergate Bay**
  - **5 km** 1 ½ uur

Om weer goed wakker te worden, kun je vervolgens een duik in de zee nemen.

Vervolg dan je weg, nog steeds op het South West Coast Path. Het wordt hier in de omgeving steeds drukker, en in de verte kun je al de eerste gebouwen van Newquay onderscheiden. Vergeet niet om nog een laatste blik op de ongerepte steile kust te werpen – in Newquay is hij erg bebouwd. Bij Porth Beach in Newquay gaat het kustpad etappegewijs over in gewone wegen. *Loop verder in de richting van het station. Iets daarvoor staat aan je linkerhand bij de kruising waar de Narrowcliff Road in de Cliff Road overgaat het* ⑦ **Great Western Hotel** *(Cliff Road | greatwesternnewquay.co.uk).* Daarachter (loop gewoon door het gebouw heen) ligt een terras met een geweldig uitzicht op het Great Western Beach – precies goed om te ontspannen. En dat kun je dan het best doen met een *Pimm's and Lemonade,* hét Engelse zomerdrankje!

INSIDERTIP
Oh, summer-time!

⑦ Great Western Hotel

③ KASTELEN & TUINEN

- **Prachtige herenhuizen ontdekken**
- **In de tuin van een *cream tea* genieten**
- **Relaxen in de spa van Bovey Castle**

Lost Gardens of Heligan

Bovey Castle

ca. 240 km

2 dagen,
ca. 4 uur onderweg

In het winterseizoen zijn sommige kastelen en tuinen gesloten.
Verscheidene huizen en tuinen op de route worden onderhouden door de National Trust. Met een *Touring Pass (nationaltrust.org.uk)* krijg je aanzienlijke korting op de entreeprijs.

DAG 1
❶ Lost Gardens of Heligan
29 km 30 min.
❷ Trerice
30 km 25 min.
❸ Lanhydrock
34 km 35 min.
❹ Tintagel
DAG 2
60 km 50 min.
❺ Cotehele House
34 km 30 min.

UITSTAPJE NAAR DE TUINJUNGLE

Je begint in de ❶ **Lost Gardens of Heligan** ➤ blz. 43, een prachtige tuin uit de 18de eeuw. Neem een kijkje in de kassen en duik de jungle in met zijn vele subtropische planten! Vervolg dan de tocht *via de B3287 en de A390 naar* ❷ **Trerice** ➤ blz. 58, een typisch elizabethaans herenhuis. Bijzonder zijn hier de gevels, die aan die van Nederlandse grachtenpanden doen denken. Na een bezoek aan het gebouw staat een lunch in het **Barn Restaurant** op het programma Neem ook een kijkje in de **shop**, waar je handige en mooie dingen voor je eigen tuin kunt kopen.

VAN HET HERENHUIS NAAR HET KASTEELHOTEL

Volg de A3058 naar de A30, die je in oostelijke richting afrijdt. ❸ **Lanhydrock** ➤ blz. 69 is een 19de-eeuws herenhuis, maar was oorspronkelijk (15de eeuw) een kloostergebouw. Het is omgeven door een fantastische tuin en een groot park. Tijdens een bezichtiging van het huis kom je veel te weten over het leven van bedienden en landheren in voorbije eeuwen. Koop in de **shop** lekker shortbread uit Cornwall als proviand voor onderweg! *Via de A39 rijd je vervolgens naar* ❹ **Tintagel** ➤ blz. 73, bekend om zijn relatie met koning Arthur. Volgens de legende zou hij hier zijn geboren. In het kasteelachtige **Camelot Castle Hotel** *(64 kamers | Atlantic Road | tel. 01840 77 02 02 | camelotcastle.com)* overnacht je aan de kust, waar je je tijdens het diner als een kasteelheer/-vrouwe voelt.

BIJ KONING ARTHUR PICKNICKEN EN NOG TWEE HISTORISCHE HUIZEN BEZOEKEN

Ga meteen 's ochtends met de auto *naar de ruïne van* **Tintagel Castle**. Stop onderweg bij de **Cornish Bakery**, voor lekkere verse caffè latte en zoete broodjes – perfect voor een kleine picknick bij het kasteel met uitzicht op zee!

Vervolgens rijd je *via de A395 naar de A30 en verder via de A388 naar* ❺ **Cotehele House** *(dag. 11–16.30 uur | St Dominick | Saltash | nationaltrust.org.uk/cotehele).*

Dit schoolvoorbeeld van de tudorstijl geldt als een van de door de eeuwen heen minst veranderde landhuizen in het land. Het ligt romantisch hoog boven de rivier de Tamar. De bloemen dompelen de tuin afhankelijk van het seizoen in heel verschillende kleuren. De lunch wordt geserveerd in de **Edgcumbe Tea Room** aan de rivier. *Via de A388 en de A38 is het niet ver naar het herenhuis* ❻ **Antony** *(mei–sept. di–do, juni–aug. ook za 12.30–16.30 uur | Torpoint | nationaltrust.org.uk/antony).* Het fraaie gebouw is bekend om zijn portrettenverzameling binnen, maar vooral om de zeer bezienswaardige moderne beeldentuin. En na de bezichtiging neem je het ervan bij een *cream tea* in het **café**.

❻ Antony
51 km 1 uur

DE WEG DOOR DARTMOOR LEIDT NAAR DE SPA

Zet nu koers naar je overnachtingsadres. Rijd *via de A386 en B3212 dwars door Dartmoor.* Geniet van het unieke landschap aan weerskanten van de weg, tot je in het noordwesten ❼ **Bovey Castle** ➤ **blz. 97** bereikt, een chic golfhotel in een voormalig landhuis. Hier kun je in het zwembad relaxen en nog eens terugdenken aan alle indrukken die je tijdens deze tocht hebt opgedaan – en je in de spa laten verwennen.

❼ Bovey Castle

WIST JE DIT AL?

DE BASICS VOOR JE VAKANTIE

AANKOMST

HEENREIS

De passagierstrein *Eurostar* rijdt van Amsterdam via Rotterdam en Brussel door de Kanaaltunnel (Eurotunnel) naar het Londense St Pancras Station (vanaf Amsterdam/Brussel ca. 4 resp. 2 uur). Van Londen is het met de trein ruim 2 uur naar Exeter en ruim 5 uur naar Penzance. Let op: de treinen naar Cornwall en Devon gaan van een ander station, nl. van Paddington Station (transfer via de metro). Een relaxed alternatief is de *Night Riviera Sleeper (toeslag vanaf £55 p.p. | gwr.com)*, een nachttrein naar Penzance.

De autotrein (Eurotunnel Le Shuttle) steekt om de 20–40 min. over tussen Calais (Frankrijk) en Folkestone (Engeland). De rit duurt ca. 25 min. De kosten bedragen per voertuig minimaal zo'n €80 (enkele reis), maar vaak ben je veel meer kwijt. *eurotunnel.com*

De veerboten van de *Stena Line (stena line.nl)* brengen je van Hoek van Holland naar Harwich (vaartijd 8–10 uur; vanaf ca. €80 per enkele reis, auto met bestuurder). Je kunt ook een ferry vanuit Frankrijk nemen, bijv. van Calais (1 ½ uur) of Duinkerken (2 uur) naar Dover met *DFDS (dfds.com), Irish Ferries (irishferries.com)* en *P&O (pofer ries.com)*, Dieppe–Newhaven (4 uur, *dfds.com*), Cherbourg–Poole (4 ¼ uur), Roscoff–Plymouth (5 ½ uur), en St.-Malo/Cherbourg/Caen/Le Havre–Portsmouth (3–11 uur) *(brittany-ferries.fr)*. Vroeg boeken levert een besparing op;

– 1 uur tijdverschil

Het is in Devon en Cornwall het hele jaar door één uur vroeger dan in Nederland en België.

Onderweg in Cornwall en Devon – waarom niet op het water, zoals hier in Looe?

Adapter type G

Netspanning 240 Volt. De stekkers wijken af van de onze, je hebt een driepolige adapter nodig.

ter plekke in de haven reserveren is meestal het duurst.
Vanuit Nederland en België wordt dagelijks op Londen gevlogen, waar bussen en treinen naar het zuidwesten gaan – of huur een auto (min. 4 uur rijden). Daarnaast gaan er directe vluchten van Nederland naar Bristol, vanwaar Devon en Cornwall ook relatief snel te bereiken zijn. De luchthavens Exeter en Newquay worden niet rechtstreeks aangevlogen.

DOUANE

Nu Groot-Brittannië niet meer bij de EU hoort, moet je aan de grens altijd je paspoort laten zien. Met een paspoort met chip kun je op de luchthaven ook als bewoners van het Europese continent gebruikmaken van de selfservice-incheckterminals, wat vaak veel tijd bespaart. Let op: de Britse overheid is van plan om eind 2024 Electronic Travel Authorisation (ETA) in te voeren. Je moet je dan voorafgaand aan je reis online registreren. Een visum is voor toeristen niet nodig. Actuele info: *nederlandwereldwijd.nl/reisadvies/verenigd-koninkrijk* | *gov.uk*
De hoeveelheden goederen voor persoonlijk gebruik die je accijnsvrij in de EU kunt invoeren zijn o.a. 1 l sterkedrank en waren met een maximale totaalwaarde van €430. Groot-Brittannië hanteert vergelijkbare vrijstellingen (goederen ter waarde van £390), maar staat iets grotere hoeveelheden alcoholische dranken toe (bijv. 4 l sterkedrank). Kijk voor gedetailleerde richtlijnen op *douane.nl*

HUISDIEREN

Cornwall en Devon zijn zeer diervriendelijk. Honden mogen vanuit de EU in Groot-Brittannië worden ingevoerd, mits ze gechipt zijn, een dierenpaspoort hebben, tegen hondsdolheid zijn ingeënt en 1–5 dagen voordat ze het land binnenkomen bij de dierenarts een wormenkuur hebben gehad. Veel veerboten nemen tegen betaling honden mee aan boord, maar deze moeten tijdens de overtocht wel in de auto blijven.

REISSEIZOEN & HET WEER

Cornwall en Devon hebben een mild klimaat. 's Winters blijft het boven het vriespunt en sneeuwt het bijna nooit. 's Zomers stijgt de temperatuur tot gemiddeld 27°C. Regen komt nu en dan voor, maar meestal in de vorm van buien, zelden aanhoudend.

EN DAN VERDER

AUTO

Autorijden in Engeland is makkelijker dan veel mensen denken – zolang je maar op de linkerbaan blijft. Inhalen doe je rechts. Er staan duidelijk minder verkeersborden dan bij ons, maar je ziet er wel veel verkeerslichten, 'voorrang verlenen'-borden (of een dikke witte streep op de rijbaan) en nog meer rotondes. Verkeer op de rotonde heeft voorrang.

De snelheid wordt aangegeven in *miles per hour* (mijlen per uur). De maximumsnelheid binnen de bebouwde kom bedraagt in de regel 30 mph (48 km/u), op provinciale wegen 60 mph (96 km/u), en op autowegen en snelwegen *(motorway)* 70 mph (112 km/u). Steeds vaker wordt de gemiddelde snelheid van individuele voertuigen over een langere afstand gemeten. De promillegrens ligt bij 0,5, en veiligheidsgordels zijn voor alle inzittenden verplicht. Telefoneren onder het rijden is verboden. Personenauto's mogen niet op busbanen rijden. Verkeersovertredingen worden beduidend zwaarder bestraft dan bij ons.

Parkeer alleen op de daarvoor bestemde plaatsen. Een doorgetrokken streep aan de rand van de weg betekent dat je er niet mag parkeren, bij een dubbele streep geldt een stopverbod. Parkeerboetes zijn hoog en sommige gemeentes gebruiken wielklemmen, waar je met moeite vanaf komt. Veel parkeergarages zijn uitgerust met kentekenherkenning – ook als ze niet over een slagboom of iets dergelijks beschikken, moet je betalen. Ook buitenlandse toeristen kunnen hun bekeuring tegenwoordig thuisgestuurd krijgen.

Steeds meer grotere gemeentes in Groot-Brittannië voeren milieuzones in. Hierbij moet je vooraf je kenteken laten registreren, en vaak gelden er strenge eisen wat betreft de uitstoot van vervuilende stoffen. In Devon en Cornwall zijn deze maatregelen tot dusver nog niet van toepassing, maar op weg daarheen kom je mogelijk door verscheidene van deze plaatsen, zoals Londen en Bristol.

KALENDER

FESTIVITEITEN

JANUARI

Winter at Eden (Eden Project): de maand januari staat hier in het teken van bijzondere activiteiten – bijv. een schaatsbaan. *edenproject.com*

FEBRUARI

St Ives Feast: de stad blaast nieuw leven in de traditie van het *Hurling the Silver Ball*, een voorloper van rugby. *www.stives-cornwall.co.uk*

MAART

St Piran's Day (foto): in heel Cornwall wordt rond 5 maart St Piran, de beschermheilige van het graafschap, herdacht met optochten, o.a. in Falmouth en Bodmin. *short.travel/cod12*

APRIL

Porthleven Food and Music Festival: *porthlevenfoodfestival.com*

MEI

Fowey Festival of Arts and Literature: *foweyfestival.com*

JULI

Looe Carnival: een hele week carnaval in de zomer. *looelions.co.uk/carnival-week*

AUGUSTUS

Regatta's: grote zeilwedstrijden in o.a. Fowey, Torbay, Dartmouth en Salcombe

SEPTEMBER

Agatha Christie Festival (Torquay): literair festival. *iacf-uk.org*

OKTOBER

Two Moors Festival (Exmoor, Dartmoor): belangrijk festival voor klassieke muziek. *twomoorsfestival.co.uk*

NOVEMBER

Ilfracombe Legends of Rock: muziekfestival met veel independent-bands

DECEMBER

Padstow Christmas Festival: *padstowchristmasfestival.co.uk*

AUTOHUUR
Grote internationale autoverhuurbedrijven vind je vooral in Exeter en Plymouth (waarvan sommige overigens niet erg centraal liggen). De prijzen zijn vergelijkbaar met die in Nederland en België, en ook hier geldt dat vroeg boeken vaak voordeel oplevert. Vergelijkingssites als *easyterra.nl* komen vaak met goede aanbiedingen.

OPENBAAR VERVOER
Er gaan treinen naar Penzance en St Ives, en er komen hier ook enkele langeafstandsbussen van *National Express* – maar verder vind je hier alleen regionale buslijnen, die meestal niet erg frequent rijden, en dat geldt met name voor het weekend. Als je mobiel wilt blijven, kun je dus het best de auto nemen.

TAXI
De taxitarieven zijn in de regel vergelijkbaar met die in Nederland en België. Taxi's kun je het best telefonisch bestellen (de telefoonnummers verschillen per plaats), want standplaatsen kom je buiten Londen maar sporadisch tegen.

INS & OUTS

FOOI
Over het algemeen wordt – net als bij ons – naar believen een fooi van ca. 10% gegeven – tenzij al een *service charge*, een servicetoeslag, in de rekening is opgenomen. Dat geldt dan vooral voor zeer toeristische gebieden, maar is verder niet erg ingeburgerd. In pubs worden geen fooien *(tips)* gegeven, als je (zoals in Engeland gebruikelijk) zelf je drank aan de toog haalt en meteen afrekent. Hotelpersoneel en taxichauffeurs doe je een plezier met een kleine fooi.

GELD & CREDITCARDS
De Britse munteenheid is het pond sterling (GBP, £), in de volksmond *quid* genoemd, dat is onderverdeeld in 100 pence (p). Creditcards worden algemeen geaccepteerd, zelfs voor kleine bedragen. Veelgebruikte creditcards zijn Visa en Mastercard. Bijna overal kun je ook contactloos betalen met je pinpas, creditcards of met onlinebetaaldiensten als GooglePay of ApplePay. Banken (geopend van maandag tot vrijdag van 10–17 uur of langer, in steden vaak ook op zaterdag) en geldautomaten (*automatic teller machine*, ATM) vind je zelfs in kleine plaatsen, meestal in levensmiddelenwinkels, tankstations en cafés. Als je geld opneemt, moet je doorgaans een commissie betalen. Hier en daar tref je ook geldwisselkantoren *(currency exchange office)* aan, vooral in warenhuizen van *Marks & Spencer* wordt een gunstige commissie gerekend.

INTERNETTOEGANG & WIFI
Zowat elk hotel, restaurant en café biedt inmiddels meestal kosteloos wifi voor gasten aan. Een wijdverbreide aanbieder van gratis wifi is *The Cloud.* Met een gratis registratie logt je smartphone vaak automatisch op dit netwerk in.

MATEN & GEWICHTEN

1 inch = 2,54 cm
1 foot = 12 inches = 30,48 cm
1 yard = 3 feet = 91,4 cm
1 mile = 1,61 km
1 acre = 4047 m²
1 pint = 0,568 l
1 quart = 2 pints = 1,14 l
1 gallon = 4 quarts = 4,5 l
1 ounce = 28,35 g
1 pound = 16 ounces = 453,6 g

MEDIA

Maat der dingen is de BBC, de publieke omroep met talloze televisie- en radioprogramma's. De tweede grote televisieaanbieder is ITV. De betaalzender Sky is vaak beschikbaar in pubs en hotels. Serieuze dagbladen zijn 'The Guardian' (links-liberaal), 'The Times', 'The Daily Telegraph' (beide conservatief) en de businesskrant 'Financial Times'. Tot de tabloids behoren 'The Sun' en de 'Daily Mirror'. De daklozenkrant 'Big Issue' wordt op veel plaatsen op straat verkocht.

OFFICIËLE FEESTDAGEN

1 jan.	*New Year's Day*
Goede Vrijdag	*Good Friday*
tweede paasdag	*Easter Monday*
23 april	*St George's Day*
eerste ma van mei	*May Day Holiday*
laatste ma van mei	*Spring Bank Holiday*
laatste ma van aug.	*Summer Bank Holiday*
25 dec.	*Christmas Day*
26 dec.	*Boxing Day*

OPENINGSTIJDEN

De kernopeningstijden zijn ma–za 10–17.30 uur, maar veel levensmiddelenmarkten zijn ook daarvoor en daarna open, en in grotere steden vind je meestal ten minste één supermarkt die 24/7 geopend is. Winkelcentra *(shoppingmalls)* blijven vaak open tot 19 of 20 uur. In veel plaatsen in Cornwall en Devon kun je ook op zondag winkelen (meestal 12–17 uur).

WAT KOST HET?

cappuccino	€3,50 *voor een beker in de coffeeshop*
sandwich	€3,50 *voor een pakje in de supermarkt*
bier	€6 *voor een pint (0,568 l) in de pub*
souvenir	€10 *voor een koffiemok met afbeelding*
benzine	€1,70 *voor 1 l benzine/diesel*
parkeren	€2,50 *voor 1 uur in de parkeergarage*

TELEFOON & MOBIEL

De ontvangst van mobiele telefoons in Devon en Cornwall is prima op zeer landelijke kustplaatsjes en kleine eilanden na. Grote mobiele providers zijn Vodafone, EE, Three en O2. Alle providers bieden ook prepaidkaarten aan. Voordelige netwerken voor deze kaarten zijn Virgin, Tesco, Sainsburys en Three. Het landnummer van Nederland is 0031, van België 0032 en van het Verenigd Koninkrijk 0044.

TOEGANGSPRIJZEN

Attracties in Engeland vragen vaak een betrekkelijk hoge entree. Als je van plan bent om veel historische bezienswaardigheden te bezoeken, kun je overwegen om een week- of jaarkaart bij een van de twee grootste erfgoedorganisaties te kopen: de *English Heritage (jaarbijdrage £66 | english-heritage.org.uk)* en de *National Trust (jaarbijdrage £76,80 | nationaltrust.org.uk)* onderhouden in het hele land herenhuizen, kastelen en zelfs pubs en complete dorpen. Beide organisaties bieden daarnaast online speciale *passen voor één of twee weken (£37 resp. £45).* aan. Onder de naam *English National Park Experience Collection (nationalparkexperiences.co.uk/home)* organiseren de nationale parken bijzondere rondleidingen door plaatselijke bewoners. Let op: veel bezienswaardigheden vragen een extra donatie – waardoor je bezoek alsnog duurder uitvalt.

INSIDERTIP
Rondleiding door locals

GROEN & FAIR

Wil je iets extra's doen voor de CO_2-balans van je reis? Je kunt bijvoorbeeld je route milieubewust plannen *(routerank.com)* of je uitstoot compenseren (via sites als *treesforall.nl* of *greenseat.nl).* Via de website *fairtourism.nl* pas je een beetje op de natuur en cultuur van je vakantieland, en met de groene zoekmachine *ecosia.org* steun je het ecotoerisme.

TOERISTISCHE INFO

- *visitbritain.com/nl*
- info over Cornwall en Devon: *visitcornwall.com | visitdevon.co.uk*

VERBLIJF

Britse hotels hadden lang een slechte reputatie, maar onder invloed van internationale ketens is er veel veranderd. Oude grandhotels worden verbouwd tot boetiekhotels, en er komen steeds meer nieuwe budgethotels bij. Bij *Bed & Breakfasts (B&B;* vanaf £40 p.p.) is het gebruikelijk om overdag niet op de kamer te blijven, zodat de verhuurders hun privacy hebben.

Er zijn hele appartementencomplexen waar steeds luxere vakantiewoningen per dag of per week worden verhuurd. Grotere aanbieders zijn *Holiday Lettings (holidaylettings.co.uk), Hoseasons (hoseasons.co.uk)* en *Airbnb (airbnb.nl).* Mooie alternatieven: de *National Trust (tel. 0344 8 00 20 70 (*) | nationaltrust.org.uk/holidays)* verhuurt in sommige van zijn bezittingen kamers, appartementen of cottages. Ook de *Landmark Trust (tel. 01628 82 59 25 | landmarktrust.org.uk)* verhuurt monumentale gebouwen, zoals vuurtorens en cottages.

Jeugdherbergen beschikken vaak ook over kamers met twee bedden. De officiële organisatie is de *Youth Hostel Association (YHA | Trevelyan House | Dimple Road | Matlock | tel. 01629 59 27 00 | yha.org.uk).* In vakantiegebieden zijn voor jongeren tegenwoordig ook particuliere hostels te vinden.

Wildkamperen is in Engeland niet toegestaan, maar wordt vaak getolereerd zolang iedereen alles netjes achterlaat.

Er liggen echter ook overal officiële campings, sommige met pubs en keurige sanitaire voorzieningen (info bij toeristeninformatie en de *Camping & Caravanning Club | campingandcaravanningclub.co.uk*). Je vindt daarnaast ook veel nieuwe campings met chique, grote tenten, en sommige beschikken zelfs over kleine hutten met een bubbelbad of douche.

NOODGEVAL

ALARMNUMMERS
Tel. 999 of *tel. 112*

AMBASSADE VAN BELGIË
17 Grosvenor Crescent | SW1X 7EE Londen | tel. 020 74 70 37 00 | unitedkingdom.diplomatie.belgium.be | London@diplobel.fed.be

AMBASSADE VAN NEDERLAND
38 Hyde Park Gate | Londen SW7 5DP | tel. 020 75 90 32 00 | nederlandwereldwijd.nl/contact/ambassades-consulaten-generaal/verenigd-koninkrijk

GEZONDHEID
Ook sinds de Brexit hebben Europeanen in het Verenigd-Koninkrijk met een EHIC-kaart recht op gratis spoedeisende hulp bij huisartsen van NHS (National Health Service). Wel kan het zijn dat je de kosten eerst moet voorschieten. Een internationale ziektekostenverzekering met repatriëring is aan te bevelen. Apotheken *(pharmacy)* zijn onderdeel van grote supermarkten en de drogisterijketen *Boots*.

HET WEER IN PLYMOUTH

Hoogseizoen (juni–sept.) / Laagseizoen

	JAN.	FEB.	MAART	APRIL	MEI	JUNI	JULI	AUG.	SEPT.	OKT.	NOV.	DEC.
Temperatuur overdag	8°	8°	10°	12°	15°	18°	19°	19°	18°	15°	11°	9°
Temperatuur 's nachts	4°	4°	5°	6°	8°	11°	13°	13°	12°	9°	7°	5°
Zonuren per dag	2	3	4	7	8	7	7	6	5	4	2	2
Neerslagdagen per maand	19	15	14	12	12	12	14	14	15	16	17	18
Watertemperatuur in °C	9	9	9	9	11	13	15	16	15	14	12	11

SPIEKBRIEFJE ENGELS

SMALLTALK

ja/nee/misschien	yes/no/maybe	jes/noo/meebie
alstublieft/alsjeblieft/ bedankt	please/ thank you	pliez/ θenkjoe
Wat zegt u/ Wat zeg je?	Pardon?	'pardn?
Goedemorgen!/-dag!/ avond!/-nacht!	Good morning!/ afternoon!/evening!/ night!	ghoed 'morning/ aftərnoen/ ievning/nait
Hallo!/Tot ziens!	Hello!/Goodbye!	hə'loo/ghoed'bai
Ik heet …	My name is …	mai neem is …
Hoe heet u?/ Hoe heet je?	What's your name?	wots joer neem?
Ik kom uit …	I'm from …	aim from …
Sorry!	Excuse me!	iks'kjoes mie
Ik vind dit (niet) leuk.	I (don't) like this.	ai (doont) laik ðis
Ik wil graag …	I would like to …	ai woed 'laik tə …

PICTO'S

ETEN & DRINKEN

De kaart, alstublieft.	The menu, please.	ðə 'menjoe pliez
Hebt u voor mij … alstublieft?	May I have …, please?	mee ai hev …, pliez?
mes/vork/lepel	knife/fork/spoon	naif/fork/spoen
zout/peper/suiker	salt/pepper/sugar	solt/'peppər/'sjoeghər
azijn/olie	vinegar/oil	'vinnighər/oil
melk/room/citroen	milk/cream/lemon	milk/kriem/'lemmən
met/zonder ijs/ koolzuur	with/without ice/gas	wið/wið'aut ais/ghes
vegetariër/allergie	vegetarian/allergy	vetsjə'terriən/'ellərdsjie
De rekening, alstublieft.	May I have the bill, please?	mee ai hev ðe bil pliez
rekening/bonnetje	bill/receipt	bil/ri'ssiet
contant/pinpas/ creditkaart	cash/ATM card/ credit card	kesj/ee tie em kard/ kreddit kard

NUTTIG

Waar is …? / Waar zijn …?	Where is …?/ Where are …?	'wer is…?'wer ar …?
Hoe laat is het?	What time is it?	wot 'taim is it?
vandaag/morgen/ gisteren	today/tomorrow/ yesterday	tə'dee/tə'morroo/ 'jestərdee
Wat kost …?	How much is …?	'hau matsj is …
Waar kan ik internetten/ wifi gebruiken?	Where can I find internet access/Wifi?	'wer ken ai faind 'internet 'ekses/waifai?
Help!/Let op!/ Voorzichtig!	Help!/Attention!/Caution!	help/ə'tensjən/'kosjən
apotheek/drogist	pharmacy/chemist	'farməssie/kemmist
koorts/pijn	fever/pain	fievər/peen
kapot/werkt niet	broken/doesn't work	'brokən/'dassənd wurk
autopech/werkplaats	breakdown/garage	'breekdaun/'gherridzj
dienstregeling/ kaartje	schedule/ticket	'sjedjul/'tikkət
0/1/2/3/4/5/6/7/8/9/ 10/100/1000	zero/one/two/three/ four/five/six/seven/ eight/nine/ten/(one) hundred/(one) thousand	'ziro/wan/toe/θrie/for/ faiv/siks/'sevvən/eet/nain/ ten/('wan) 'handrəd/ ('wan) θauzənd

GET THE FEELING

SFEER OPSNUIVEN & NAGENIETEN

LEESVOER & KIJKSTOF

DE WEG NAAR LITTLE DRIBBLING

Bill Brysons *Notes from a small island (Een klein eiland)* is een standaardwerk binnen de reisliteratuur. In het grappige *The road to Little Dribbling* (2016) reist hij opnieuw door het land dat hem vertrouwd en toch zo vreemd is.

JAMAICA INN

Daphne du Maurier zou deze duistere roman (1936) in de Bodmin Moor hebben geschreven. Hij gaat over het moedwillig laten stranden van schepen, smokkelaars en liefde. Alfred Hitchcock bracht het verhaal in 1939 naar het witte doek.

DOC MARTIN

Een norse maar briljante Londense chirurg wordt huisarts in Cornwall. Hij legt moeilijk contact en zijn directe manier van doen leidt vaak tot misverstanden. De tv-serie (10 seizoenen, 2004–2022) werd opgenomen in Port Isaac.

FISHERMAN'S FRIENDS

Chris Foggin verfilmde in 2019 het verhaal van een shantykoor uit Port Isaac: platenproducenten ontdekten de groep, de zangers werden sterren en traden voortaan op festivals op en zelfs in de Royal Albert Hall.

PLAYLIST VARIA

0:58

WILL KEATING – CORNWALL MY HOME
Muzikale liefdesverklaring van de zanger uit Cornwall aan zijn geboortestreek

JAMES MORRISON – WONDERFUL WORLD
Als kind woonde Morrison in Cornwall, waar hij de eerste schreden van zijn muzikale loopbaan zette – met name in Newquay

COLDPLAY – CLOCKS
Een van de meest succesvolle rockbands ter wereld, frontman Chris Martin komt uit Exeter

THE RUMBLE STRIPS – NOT THE ONLY PERSON
Pakkende single uit 2009 van de rockband uit Tavistock in Devon

SPECTRES – FAMILY
Stevige indierock uit Devon, ergens tussen Nirvana en The Jesus & Mary Chain in

Op **Spotify** vind je een soundtrack voor je vakantie onder **MARCO POLO England**

of scan de code met de Spotify-app

OP INTERNET

THEGOODPUBGUIDE.CO.UK
Het Britse standaardwerk voor pubbezoekers geeft een overzicht van de beste pubs in het land, waaronder vele in Cornwall en Devon

ENGLISH HERITAGE DAYS OUT
Deze app met kaarten, openingstijden en veel info voert je naar de sights van de English Heritage (Android en iOS)

MET OFFICE
De gratis app van de nationale meteorologische dienst (Met Office) is onmisbaar voor het plannen van je dag. De weersverwachting klopt meestal (Android en iOS)

NATIONAL TRUST
De National Trust heeft een heel handige app waarmee je kunt zoeken naar landhuizen en andere monumentale sights bij jou in de buurt en in het hele land (Android en iOS)

UK TIDES
Een tripje naar de kust? Met deze app kun je via de zoekfunctie de getijden van de Britse kustlijnen in de gaten houden (Android en iOS)

TRAVEL PURSUIT

DE MARCO POLO VAKANTIEQUIZ

Heb je goed zicht op Cornwall & Devon? Test hier je kennis over de geheimpjes en het karakter van de mensen en hun streek. De goede antwoorden staan onder aan de bladzijde. Lees er meer over op blz. 18–23.

❶ Aan welk natuurverschijnsel hebben Devon en Cornwall hun milde klimaat te danken?
a) föhn
b) Golfstroom
c) Genualaag

❷ Hoeveel thee consumeren de Britten per persoon per jaar?
a) 5,36 kg
b) 2,73 kg
c) 1,94 kg

❸ Hoeveel milliliter vloeistof komt precies overeen met een Britse *pint?*
a) 568
b) 473
c) 551

❹ Hoeveel fooi geef je aan de toog in een pub?
a) £1
b) £2
c) niets

❺ Hoe heet het Britse icoon van de tuinarchitectuur?
a) Leopold 'Cateye' Green
b) Lancelot 'Capability' Brown
c) Louis 'Clematis' Black

❻ In welke eenheid worden in Groot-Brittannië snelheden gemeten?
a) mijl per uur
b) kilometer per uur
c) yard per uur

Oplossingen: 1b, 2c, 3a, 4c, 5b, 6a, 7c, 8a, 9c, 10b, 11c, 12a

Cream tea is een klassieker in Cornwall en Devon. Wat wordt daarbij gegegeten?

❼ Welke soort monarchie heeft het Verenigd Koninkrijk

a) kiesmonarchie
b) absolute monarchie
c) parlementaire monarchie

❽ In welke stad in Devon vind je een paardenrenbaan?

a) Exeter
b) Paignton
c) Ilfracombe

❾ Wat zou de steencirkel *Merry Maidens* voorstellen?

a) een groep van 13 zeemeerminnen
b) een groep van 15 bruiden
c) een groep van 19 meisjes

❿ Wat hoort er bij een *cream tea?*

a) een stuk *cream cake*
b) een *scone* met *clotted cream*
c) een broodje met *cream cheese*

⓫ Waarnaar verwijst de afkorting *MIF* in Cornwall en Devon?

a) een interregionale voetbalclub
b) een regionaal tv-station in Mid Cornwall
c) bij het theedrinken: *milk in first*

⓬ Waar werd de schrijfster Rosamunde Pilcher geboren?

a) in Lelant
b) in Liskeard
c) in Launceston

REGISTER

alarmnummers 127
ambassades 127
Antony 119
Appledore 108
Arlington Court 106
Barnstaple 30, **107**
Bass Point 47
Bedruthan Steps **59**, 116
Beer 84
Bideford 98, 106, **110**
Bigbury 34
Big Sheep, The 108
Bodmin **67**, 123
Bodmin Moor 67, **69**, 130
Boscastle 75
Bovey Castle 119
Bowerman's Nose 96
Braunton 109
Brixham 88
Broadsands Beach 87
Bryher 54
Buckland Abbey 94
Bude 34, **75**
Burgh Island 94
Calstock Viaduct 65
Camel Trail 33
Carbis Bay (St Ives) 57
Carnewas Island 116
Castle Drogo 96
Charlestown 42
Clovelly 110
Colyton 85
Combe Martin Beach 104
Cotehele House 118
Croyde 103
Dartmoor 14, 16, 18, 33, 35, 76, 77, **95**, 123
Dartmouth 34, **88**, 114, 123
Dartmouth Steam Railway 88, **89**, 114
Dunster 102
Dunster Beach 104
Dunster Castle 102
East Devon Area of Outstanding Beauty 85
Eden Project **42**, 123
Exeter 15, 18, 21, 34, 76, **80**, 120, 124
Exmoor 16, 31, 33, 35, 98, **102**, 123
Exmouth 82
Exmouth Beach 84
Falmouth 20, **45**, 123
Fistral Beach (Newquay) 58
Fowey 34, **69**, 123
Geevor Tin Mine 52
gezondheid 127
Go Ape 82
Godolphin 49
Granite Way 33, **97**
Great Torrington 98, **109**
Great Western Beach (Newquay) 58, 117
Greenway **89**, 114
Gribbin Head 71
Gyllyngvase Beach (Falmouth) 46
Harbour Beach (St Ives) 57
Harbour Cove (Padstow) 72
Hartland 34
Hartland Coast 111
Hartland Point 111
Hartland Quay 111
Healeys Cornish Cyder Farm 45
Helston 49
Honiton 30
Hound Tor 95, **96**
Hugh Town 53
Hurlers Stone Circles 22, 69
Hurlers, The 22, 69
Ilfracombe 33, **104**, 106, 109, 123
Isles of Scilly 16, 33, 34, **53**
Jurassic Coast 83, **84**, 85
Kingswear **89**, 114
Knightshayes 104
Kynance Cove 47
Land's End 16, 33, 38, **52**
Lanhydrock 19, **69**, 118
Lappa Valley Steam Railway 59
Launceston 64
Lelant 21
Levant Mine 53
Liskeard 22, **65**
Lizard 31, **47**
Lizard Point 16, 38, **47**, 49
Loe, meer 49
Looe **67**, 123
Lost Gardens of Heligan **43**, 118
Lostwithiel 30
Lundy Island 98, **106**
Lydford 33, 97
Lydford Gorge 97
Lynmouth **102**, 103
Lynton **102**, 109
Mawgan Porth 116
Merry Maidens 22
Mevagissey 43
Minack Theatre 52
Minehead Beach 104
Moretonhampstead Motor Museum 96
Newlyn 50
Newquay 15, 31, 34, **57**, 116, 117
Newton Abbot 21
North Sands (Salcombe) 91
Okehampton 31, 97
Padstow 33, 35, **71**, 123
Paignton 28, **87**, 89, 114
Paignton Beach 87
Park Head 116
Penrose 49
Penryn 34
Penzance 20, 22, 31, **50**, 120, 124
Plymouth 14, 31, 33, 34, 76, **91**, 124
Poldark Mine 49
Polkerris Beach (Fowey) 70
Polperro 67
Polruan 70
Polzeath 73
Porlock 31, **102**, 103
Porlock Beach 104
Porlock Weir 102, 103
Porth Beach (Newquay) 117
Porthcothan Bay 116
Porthcurno 51
Porthgwidden Beach (St Ives) 57
Porthleven **49**, 123
Porthmeor Beach (St Ives) 57
Port Isaac **73**, 130
Powderham Castle 82
Readymoney Cove (Fowey) 70
Restormel Castle 69
Rock 72
Roseland 46
Salcombe 20, 33, **91**, 123
Saltram 94
Saunton 103
Scilly, Isles of 16, 33, 34, **53**
Seaton 85
Seaton Tramway 85
Sennen Cove 34, 52
Sidmouth 85
South Sands (Salcombe) 91
South West Coast Path 16, **111**, 116
St Agnes 45
St Agnes, eiland 54
St Agnes Heritage Coast 45
St Anthony Lighthouse 47
Start Point Lighthouse 90
St Austell 28, 30, **42**
St Columb 31
St Erth 55
St George's Cove (Padstow) 72
St Ives 28, 30, **55**, 123, 124
St Keverne 47
St Mary's 53
St Mawes 45, 46
St Michael's Mount 51
Swanpool Beach (Falmouth) 46
Tamar Valley 65
Tarka Trail 109

Tintagel 23, 60, **73**, 118
Torbay 123
Torquay 14, 76, 77, **85**, 113, 123
Tregothnan 68
Treguddick Distillery 65
Trelissick Garden 45
Trengwainton Garden 50
Trerice **58**, 118
Tresco 54
Tresco Abbey Garden 19, 54
Trethevy Quoit 67
Truro 31, 34, **43**
Tunnels Beaches (Ilfracombe) 106
Valley of the Rocks 102
Watergate Bay (Newquay) 58, 116
Westward Ho! 108
Wheal Coates 45
Whitsand Bay 52
Widecombe-in-the-Moor 95, **96**
Woodlands 90
Woolacombe 103, 106
Woolacombe Bay 106
Woolacombe Beach 106

LOF OF KRITIEK? LAAT VAN JE HOREN!

Ondanks onze grondige research zal er soms een foutje insluipen. Hopelijk begrijp je dat de uitgever hier geen verantwoordelijkheid voor kan dragen.

62 Damrak/MAIRDUMONT
marcopolo@62damrak.nl

Fotografie
Omslagfoto: Newquay, Towan Beach (huber-images: P. Canali)
Foto's: huber-images: P. Canali (6/7, 38/39, 56, 60/61), O. Fantuz (43), J. Foulkes (voorflap buiten, Check in/1, 48, 59, 90, 95, 96), A. Piai (84), M. Rellini (32/33, 66), R. Schmid (9, 20, 55), R. Taylor (2/3), S. Wasek (73, 105, 110, 130/131); Laif: A. Artz (86); Laif/Le Figaro Magazine: Rogery (89); Laif/Loop Images: C. Button (76/77), N. Cable (12/13), M. Gibson (52), C. Harris (24/25), C. Joiner (Check out, 98/99, 103, 108), S. Staszczuk (14/15); Laif/robertharding: A. Burton (23), D. Clapp (120/121), A. Copson (8), M. Nolan (11), E. Rooney (19); Look/age fotostock (51, 74); Look/robertharding (27, 68); mauritius images/Alamy: K. Birtland (71), I. Dagnall (44), K. Kaminski (30/31), C. Mannings (107), N. McAllister (31), K. Nicholson (132/133), J. Pearce (123); mauritius images/Cultura (10, 35); mauritius images/imagebroker: S. Gabriel (112/113); mauritius images/nature picture library/2020VISION: A. Mustard (46); mauritius images/robertharding (65); mauritius images/United Archives: De Agostini (26/27); picture-alliance/imagebroker: M. Olszewski (83)

1ste druk 2024
Distributie Nederlandse editie: 62 Damrak/MAIRDUMONT
E-mail: info@62damrak.nl © MAIRDUMONT GmbH & Co. KG, Ostfildern

Auteur: Michael Pohl; redactie: Corinna Walkenhorst; beeldredactie: Anja Schlatterer
Cartografie: © 2023 KOMPASS-Karten GmbH, A-6020 Innsbruck; MAIRDUMONT, D-73751 Ostfildern (blz. 36–37, 114–115, 116, 119, omslagkaarten, losse kaart); © [2023] KOMPASS-Karten GmbH, kompass.de met gebruikmaking van kaartgegevens van © OpenStreetMap Contributors, osm.org/copyright (blz. 40–41, 62–63, 78–79, 81, 93, 100–101)
Als toeristische uitgever volgen wij op onze kaarten wat de facto de situatie is. Dit kan afwijken van volkenrechtelijke aspecten en houdt geen enkel oordeel in.
Vormgeving voorplat, omslag en kaartcover: bilekjaeger_Kreativagentur mit Zukunftswerkstatt, Stuttgart
Vormgeving binnenwerk: Langenstein Communication GmbH, Ludwigsburg
Spiekbriefje: in samenwerking met PONS Langenscheidt GmbH, Stuttgart
Tekst binnenkant achteromslag: Lucia Rojas
Concept belettering: Jutta Metzler, bessere-texte.de

Productiebegeleiding: Cambium BV, Lochem
Boekverzorging: *de Redactie,* Beemster
Vertaling: Jacqueline Toscani
Bewerking: Gerard M.L. Harmans

ISBN 978-3-8297-3478-3
NUR 512

Printed in Poland

OPGEPAST!

DOMPERS & FLATERS ONTLOPEN

WACHT OP JE BEURT

In de rij staan is een soort Brits cultuurgoed. Of het nu gaat om de pub of de bushalte, overal sluit iedereen braaf achter aan de rij aan en laat bij twijfel anderen voorgaan. Voordringers worden op de vingers getikt.

GEEN KRITIEK OP ALE

Ale zonder koolzuur lijkt je niks? Probeer het toch vooral eens, er zijn ook halve *pints*. Maar mopper nooit over de kwaliteit. De Engelsen zijn allang blij dat er nog kleine brouwerijen zijn die het maken.

HOU JE IN

Ook sommige Engelsen hebben zo hun twijfels over het nut van de monarchie, over hun regering of over Wembley Park Gate. Maar ze praten er niet graag over met vreemden. Hou je bij gesprekken op de vlakte en keuvel liever eerst over het weer, tennis of de schoonheid van Cornwall. Britten hebben een hekel aan betweters.

DRUKTE OP *BANK HOLIDAYS*

In het weekend rond *bank holidays* is het in het zuidwesten op de weg even druk als aan het begin van de zomervakantie (juli–sept.). Heb je geen zin in files, overvolle stranden en parkeerleed, mijd dan deze weekends.

LINKS RIJDEN

Vooral op smalle landweggetjes zonder wegmarkeringen hebben veel Europeanen de neiging per ongeluk rechts te rijden. Plak uit voorzorg een briefje op je dashboard. Een verkeerde rijstrook leidt tot levensgevaarlijke situaties!